THÉATRE
DE M.
C. DELAVIGNE
DE L'ACADÉMIE FRANÇAISE.

NOUVELLE ÉDITION.

TOME TROISIÈME.

PARIS,

FURNE, LIBRAIRE-ÉDITEUR,
QUAI DES AUGUSTINS, N. 39.

M DCCC XXXV.

C. DELAVIGNE.

NOUVELLE ÉDITION,

ORNÉE DE GRAVURES.

T. IV.

IMPRIMERIE DE H. FOURNIER,
RUE DE SEINE, N. 14.

LA PRINCESSE AURÉLIE,

COMÉDIE EN CINQ ACTES,

REPRÉSENTÉE POUR LA PREMIÈRE FOIS A PARIS, SUR LE THÉATRE FRANÇAIS, LE 6 MARS 1828.

Cette comédie a été pour moi le délassement de travaux plus graves; je ne l'ai jamais considérée que comme un badinage, et j'ai cru que des conversations, semées de traits satiriques, où je me jouerais sans aigreur des hommes et des choses, où je donnerais en riant quelques leçons utiles, pourraient, à l'aide d'une intrigue légère, occuper doucement le cœur et divertir des esprits délicats. La plaisanterie trouve peu de place dans un ouvrage fortement noué, et une pièce satirique est nécessairement moins intriguée qu'une autre. Peut-être ma comédie a-t-elle déplu d'abord à quelques personnes par les qualités mêmes qui feront son succès un jour, surtout pour le lecteur, et qui caractérisent le genre auquel elle appartient.

Je ne me défendrai point : si mon ouvrage renferme des beautés réelles, il vivra malgré les critiques ; si le contraire est vrai, je le défendrais en vain, il est juste qu'il meure. On ne m'a fait qu'un seul reproche que je veuille repousser ; je dois des remerciemens au critique bienveillant qui a déjà répondu pour moi à cette accusation, mais elle est assez grave pour que je la réfute à mon tour. On a prétendu que j'avais attaqué des hommes à terre. Ces mêmes hommes étaient debout quand j'ai dit :

« Eh bien ! ils tomberont ces amans de la nuit :
« La force comprimée est celle qui détruit ;
« C'est quand il est captif dans un nuage sombre,
   « Que le tonnerre éclate et luit ;
« Et la chute est facile à qui marche dans l'ombre. »

En annonçant leur défaite, je ne pensais pas, je l'avoue, que ma prophétie dût si tôt s'accomplir. Je m'occupais alors de *la Princesse Aurélie*, je devais la soumettre à leur censure : je les attaquais donc en face dans toute la plénitude ou plutôt dans tout l'excès de leur pouvoir, et presque sans espérance d'arriver jusqu'au public.

Je dois de la reconnaissance à tous les acteurs qui ont joué dans ma pièce, et je m'empresse de la leur témoigner. Quant à l'actrice inimitable qui a représenté avec tant de grace la princesse Aurélie, on a épuisé pour elle toutes les formes de l'éloge. Que lui dire? si ce n'est que je confie à son amitié la destinée d'un ouvrage qu'elle seule peut faire comprendre et goûter aux spectateurs. Ils me devront du moins un plaisir, celui d'admirer dans toute sa perfection un des plus beaux talens qui aient jamais honoré la scène.

PERSONNAGES.

AURÉLIE, princesse de Salerne.
LE COMTE DE SASSANE,
LE DUC D'ALBANO, } régens de la principauté.
LE MARQUIS DE POLLA,
LE COMTE ALPHONSE D'AVELLA.
BÉATRIX, dame d'honneur de la princesse.
LE DOCTEUR POLICASTRO, premier médecin de la cour.
LE MARQUIS DE NOCERA.
LE GRAND-JUGE.
LE BARON D'ENNA.
LE DUC DE SORRENTE, capitaine des gardes.
UN MEMBRE de l'académie de Salerne.
SÉNATEURS, COURTISANS, DAMES D'HONNEUR, GARDES.

La scène se passe à Salerne.

LA PRINCESSE AURÉLIE.

LA PRINCESSE AURÉLIE,

COMÉDIE.

ACTE PREMIER.

SCÈNE I.

BÉATRIX ; POLICASTRO, entrant par le fond.

BÉATRIX, qui prélude sur une guitare, s'interrompt en apercevant Policastro.

Docteur, docteur, un mot !
>>POLICASTRO.
A moi, belle comtesse ?
Mes livres, mes travaux, et jusqu'à Son Altesse,
Pour un seul mot de vous que n'aurais-je quitté ?
>>BÉATRIX.
Qui, vous ! brusquer ainsi sa royale santé !

Vous ne l'auriez pas fait.

POLICASTRO.

C'est la vérité pure.

BÉATRIX.

Bon! vérité de cour!

POLICASTRO.

Eh bien! je vous le jure.

BÉATRIX.

Parole de docteur! Allez, on vous connaît :
Je vois un courtisan sous ce docte bonnet.
Vous êtes très malin...

POLICASTRO.

Ah! quelle calomnie!
Je voudrais que la grace au savoir fût unie;
Plaire est tout à Salerne, et c'est là l'embarras
Depuis que le vieux prince, en mourant dans mes bras,
Remit à trois régens sa suprême puissance.
La princesse elle-même est sous leur dépendance,
Et ne se marîra qu'à sa majorité,
A moins que des régens l'expresse volonté
N'abdique, en approuvant l'hymen formé par elle,
Un pouvoir qui dès lors tombe avec leur tutelle.
Dans ce conflit de goûts, d'intérêts opposés,
Voulez-vous réussir? Comment faire? Amusez.
Sachez envelopper, selon la convenance,

D'un petit conte aimable une grave ordonnance.
Il faut d'un peu de miel, avec dextérité,
Couvrir les bords du vase où l'on boit la santé :
Le Tasse nous l'a dit, et ces fous de poètes
Nous offrent quelquefois d'excellentes recettes.
Le malade distrait se sent mieux quand il rit ;
Et, pour guérir le corps, je m'adresse à l'esprit.

BÉATRIX.

Eh bien ! guérissez-moi, car j'ai l'esprit malade ;
Oui, cher Policastro, je suis triste, maussade.

POLICASTRO.

Vous dansez !

BÉATRIX.

Par devoir.

POLICASTRO.

Vous riez !

BÉATRIX.

Sans gaîté,
Et j'ai, je le sens bien, le moral affecté.

POLICASTRO.

Si je disais tout haut ce qu'au fond je suppose,
L'amour dans tout ceci serait pour quelque chose.

BÉATRIX.

O science profonde ! oui, l'amour.

LA PRINCESSE-AURÉLIE.

POLICASTRO.

Et constant?

BÉATRIX.

Non, j'ai cessé d'aimer.

POLICASTRO.

Ah! c'est intermittent;
Bon signe!

BÉATRIX.

Dégagé d'une première entrave,
Mon cœur, mon faible cœur...

POLICASTRO.

Rechute, c'est plus grave.

BÉATRIX.

Pour sortir d'embarras à vous seul j'ai recours,
Et je meurs de chagrin sans votre prompt secours.

POLICASTRO.

Danger de mort! voyons. Mais notre art d'ordinaire
Attend pour s'éclairer quelque préliminaire;
Vous aimiez! et qui donc?

BÉATRIX.

Alphonse d'Avella.

POLICASTRO.

C'était un fort bon choix que vous aviez fait là.
Il est beau, jeune, fier, d'une maison illustre,
Et dont la pauvreté ne peut ternir le lustre.

Son nom touche au berceau de la principauté;
Même il eut pour aïeule une aimable beauté...
Et notre roi Tancrède est, selon la chronique,
Pour une branche ou deux dans son arbre héraldique;
Ainsi, par alliance, il remonte aux Normans.

BÉATRIX.

La belle caution pour la foi des sermens!
Qu'en dites-vous?

POLICASTRO.

Bouillant, mais d'un esprit très ferme,
Il ouvrit un conseil au siége de Palerme,
Qu'un jour, où j'excitais nos soldats d'assez haut,
Nos preux à barbe grise ont suivi dans l'assaut.
C'est un brave.

BÉATRIX.

Officier dans les gardes du prince,
Il soutenait son nom d'un revenu fort mince;
Car le duc d'Albano, qui depuis fut régent,
Tient à ce cher neveu bien moins qu'à son argent.
Mais la cour l'estimait, d'autant que ses ancêtres
Ont prodigué leurs biens pour défendre leurs maîtres.
Il m'aima; tout dès lors l'embellit à mes yeux:
Ses soins toujours nouveaux, l'éclat de ses aïeux,
Son mérite, à son âge une gloire si belle...
Et puis, comme il dansait, docteur, la tarentelle!

Dame de la Princesse, et voulant son aveu
Pour conclure un hymen dont on jasait un peu,
J'en parle : avec froideur on reçoit ma prière,
Et l'on envoie Alphonse au nord de la frontière.
Le dépit nous dicta les plus tendres adieux :
Nous prîmes à partie et la mer et les cieux,
Et devant ces témoins d'une longue tendresse,
De ne jamais changer nous fîmes la promesse.

POLICASTRO.

Jamais! c'est long, comtesse, et ce mot à la cour
Nous trompe en politique aussi bien qu'en amour.

BÉATRIX.

Je ne le sais que trop. Cependant sur ces rives,
Mêlant au bruit des mers quelques chansons plaintives,
Aux rochers d'Amalfi, sous ces orangers verts,
Confidens de mes pleurs, de nos chiffres couverts,
De tristes souvenirs j'allais nourrir ma flamme,
Hormis les jours de bal où la cour me réclame ;
Et quand l'astre des nuits répandait ses clartés,
Sassane quelquefois errait à mes côtés.

POLICASTRO.

Sassane! un des régens! ce politique habile,
Qui s'accommode à tout d'un esprit si mobile!
Il a donc pris alors un goût qu'il n'avait point?
Je ne le savais pas idolâtre à ce point

De cet astre des nuits, providence éternelle
Du poète rêveur et de l'amant fidèle.

BÉATRIX.

Il me parlait d'Alphonse, et moi je l'écoutais;
Je ne vis pas le piége, aveugle que j'étais!
Plus hardi par degrés, il parlait de lui-même,
Je l'écoutais encore... Enfin, c'est lui que j'aime.
L'hymen doit avec lui m'unir dans quelques jours,
Et je sens cette fois que j'aime pour toujours.

POLICASTRO.

Pour toujours! Béatrix, voilà comme on se vante!
Bien que pour l'avenir le passé m'épouvante,
Je vous crois sur parole... et d'où naît votre ennui?

BÉATRIX.

C'est qu'Alphonse à la cour reparaît aujourd'hui;
Il revient. Cher docteur, mon appui tutélaire,
Bravez le premier feu de sa juste colère...

POLICASTRO.

L'emploi serait piquant pour moi dont les aveux
Vous ont toujours trouvée insensible à mes vœux.
Car enfin, je vous aime!...

BÉATRIX.

     Et vous êtes aimable;
Mais la robe d'hermine est par trop respectable.
Pouvez-vous m'en vouloir, docteur, si le hasard

Nous fit naître tous deux, vous trop tôt, moi trop tard?
Et puis, c'est un malheur, mais s'il faut vous le dire,
Je n'ai jamais pu voir un médecin sans rire.

POLICASTRO.

Voilà bien sur les fous l'effet de la raison !
Avec vous ses avis sont pourtant de saison :
Je blâme votre choix; malheur à qui se fie
Aux amours calculés de la diplomatie !
Votre comte, entre nous, je le crois ruiné;
Car, bien qu'il soit régent, on dit qu'il est gêné.
Il eut mainte ambassade et savait qu'en affaire
Un cuisinier profond vaut un vieux secrétaire :
Aussi de ses festins la royale splendeur,
Ce mérite obligé de tout ambassadeur,
A fait sa renommée, et dès lors je soupçonne
Qu'il a payé fort cher tout l'esprit qu'on lui donne.
Je sais qu'à tous les yeux vous avez mille appas;
Mais croyez-vous qu'aux siens votre dot n'en ait pas?
Tenez, s'il est permis que tout bas je m'explique,
Je crains après l'hymen un retour politique :
Il peut, s'indemnisant de ses frais amoureux,
Prélever sur vos biens des impôts onéreux,
Et, quand par un contrat vous lui serez soumise,
Administrer sa femme en province conquise.

BÉATRIX.

Ainsi l'intérêt seul formerait ces liens,
Et l'on ne peut alors m'aimer que pour mes biens !

POLICASTRO.

Vous ai-je dit cela ? Puis-je, quand je vous aime,
Douter de ce pouvoir que je ressens moi-même ?
Blâmant ma folle ardeur, désespéré, confus,
En ai-je moins cherché vos dédains, vos refus ?
Le ridicule enfin ? Jugez du sacrifice :
Un ridicule ici fait plus de tort qu'un vice.
Dites, frivole objet que je m'en veux d'aimer,
Par quels défauts Sassane a-t-il pu vous charmer ?
Est-ce l'ambition qui trouble votre tête ?
Eh bien ! il ne faut pas dédaigner ma conquête :
Vers les honneurs aussi je me fraie un chemin ;
Un rhume quelquefois met l'État dans ma main ;
Le plus noble malade a ses jours de faiblesse :
C'est moi qui règne alors, même sur la princesse.

BÉATRIX.

Ne vous y fiez pas : quoiqu'en minorité,
Elle défend les droits de son autorité.
Assemblage imposant de grace et de noblesse,
Bonne avec fermeté, naïve avec finesse,
La princesse Aurélie aux honneurs qu'on lui rend
A droit par son esprit bien plus que par son rang.

Elle sait opposer la ruse à l'artifice,
Calculer mûrement ce qu'on croit un caprice,
Tolérer nos défauts afin de s'en servir;
Sans faiblesse apparente elle sait à ravir,
Nous cachant ses secrets et devinant les nôtres,
Tourner à son profit les faiblesses des autres.
Enfin je la crois femme à jouer à la fois
Et sa cour de justice, et ce conseil des Trois
Où siége des régens la sagesse profonde,
Et vous, son médecin, qui jouez tout le monde.

POLICASTRO.

Et moi, je vous réponds que je la sais par cœur.
J'ai pris sur sa jeunesse un ascendant vainqueur;
Mais c'est sans la flatter : tout le monde l'admire;
Quand la vérité flatte, il faut pourtant la dire.
Souvent à son avis je me rends sans effort;
Mais quand elle a raison, puis-je lui donner tort?
Le matin au palais, où mon devoir m'appelle,
Grave ou gai tour à tour, je cause et j'apprends d'elle,
Je lis dans ses regards où penche son désir,
Et donnant un conseil, je prépare un plaisir;
Mais c'est pour sa santé : d'après notre maxime,
Le plaisir sans excès est le meilleur régime.
Son goût change parfois, et je sais l'observer :
C'est un art innocent; un jour, à son lever,

L'ardeur de gouverner dans sa tête fermente;
Je dis : c'est un beau feu qu'il faut qu'on alimente,
Et ce serait pitié, quand nos jours sont comptés,
D'abaisser à des riens ces hautes facultés.
Une affaire l'ennuie, et j'ose lui défendre
D'accabler son esprit du soin qu'elle va prendre
L'école de Salerne a dit en bon latin :
Qui veut marcher long-temps se repose en chemin...
Cette candeur lui plaît : son ennui se dissipe;
Jusqu'à parler affaire alors je m'émancipe;
Elle en rit, moi de même, et je suis écouté.
Jugez de mon pouvoir à sa majorité,
Si la fortune veut que pour vous je recueille
L'héritage vacant de quelque portefeuille !
O fortune des cours, ce sont là de tes jeux !
Le ciel du ministère est changeant, orageux,
Et dans ces régions aux mouvemens sujettes,
Pour une étoile fixe on a vu cent planètes.
Ah ! que le cercle tourne, et je puis quelque jour
Poindre, monter, briller, me fixer à mon tour,
Ingrate ! et vous offrant une illustre alliance,
Vous couvrir des rayons de ma toute-puissance !

BÉATRIX.

Un médecin ministre !

POLICASTRO.

Eh bien?

BÉATRIX.

On vous verrait
Signer une ordonnance en rendant un décret!

POLICASTRO.

Mais si l'évènement enfin vous persuade,
Vous direz...

BÉATRIX.

Que l'État, docteur, est bien malade.

POLICASTRO.

Et je vous servirais!

BÉATRIX.

Oui, vous êtes si bon!
Alphonse au grand lever viendra dans ce salon;
Restez, il faut l'attendre. Hélas! qu'il m'intéresse!
Non, vous ne savez pas jusqu'où va sa tendresse;
Pour flatter ses douleurs, vous pouvez me blâmer;
C'est un pauvre malade enfin qu'il faut calmer.
Employez ces grands mots, ces phrases, ces formules,
Dont la solennité trompe les moins crédules;
Soyez bien éloquent : parlez comme les jours
Où nous vous écoutons, quand vous ouvrez un cours;
Car ces jours-là, docteur, vous êtes admirable,
Et vos raisonnemens ont l'air si raisonnable!

POLICASTRO.

Mais...

BÉATRIX, sortant.

La princesse attend, je cours à mon devoir.
Parlez, priez, blâmez : vous avez plein pouvoir.

SCÈNE II.

POLICASTRO, seul.

Elle me raille encor ! ma faiblesse m'indigne.
Dieu ! pour la Faculté quel déshonneur insigne !
Mes élèves aussi souffrent de mes amours ;
Un amant professeur manque souvent son cours.
Je vais manquer le mien. N'importe; je m'immole.
Quelqu'un !...

(à un huissier.)

Partez sur l'heure; aux portes de l'école
Qu'on affiche ces mots dès qu'on les recevra :

(il écrit.)

« Policastro, docteur, recteur, et cœtera...
« Attaqué... » mais de quoi ? « d'une grave ophthalmie,
« Remet au premier jour son cours d'anatomie. »
Allez.

(L'huissier sort.)

Voyons ma liste : ah ! ah ! le cardinal[1] !
Un rhumatisme aigu qu'il a pris dans un bal.
Peste ! un prélat ! j'irai... L'économe Fabrice !
Il fait jeûner un peu les pauvres de l'hospice,
Et dans son lit hier, avec componction,
Déguisait en migraine une indigestion ;
Mais nos appointemens sont de sa compétence,
Je le verrai... Le reste est de peu d'importance :
Des bourgeois, trois captifs revenus de Tunis,
La consultation que je donne gratis...
Ces bonnes actions nous sont très nécessaires ;
Mais notre humanité passe après nos affaires,
C'est trop juste. Ainsi donc, tout pesé mûrement,
J'ai quelque temps de reste. Ah ! voici notre amant ;
Pauvre comte !... On ne peut, dans le siècle où nous sommes !
Se fier en amour qu'aux promesses des hommes.

---

[1]. On dit au théâtre :

. . . . Le sénéchal !
Un grand seigneur ! j'irai. . . . . . .

SCÈNE III.

POLICASTRO, ALPHONSE.

ALPHONSE, serrant la main du docteur.

Que je revois Salerne avec ravissement!
Quel spectacle enchanteur! quel bruit! quel mouvement!
Quand il fait nuit ici, c'est vraiment bien dommage.
Ces palais, cette mer où se peint leur image,
Tous ces jardins en fleurs, ces voiles, ces drapeaux,
Cette forêt de mâts qui flotte sur les eaux,
C'est superbe! On renaît, docteur; et pour sourire,
Il suffit en ces lieux qu'on voie et qu'on respire;
Le pays est divin et l'air est embaumé.

POLICASTRO, à part.

Comme on voit tout en beau quand on se croit aimé!
Il va changer de ton.

ALPHONSE.

La princesse Aurélie,
Charmante à mon départ, est encor plus jolie,
Plus belle, n'est-ce pas?

POLICASTRO.

Oui, cher comte : le temps
N'est pas un ennemi de dix-neuf à vingt ans;

Mais la jeune comtesse est bien aussi.

ALPHONSE.

Laquelle?

POLICASTRO.

Béatrix.

ALPHONSE, froidement.

Ah! c'est vrai. Comment se porte-elle?

POLICASTRO.

(à part.)

Au mieux. Il est discret.

ALPHONSE.

Eh bien! donc, malgré vous,
Le prince a succombé, docteur?

POLICASTRO.

Que pouvons-nous
Quand la nature enfin...?

ALPHONSE.

La réponse était sûre :
On guérit, c'est votre art; on meurt, c'est la nature.
Nous avons des régens, et trois ; pourquoi pas dix?
Que font-ils? qu'en dit-on?

POLICASTRO.

Que ce sont trois phénix,
Trois aigles, c'est le mot : du centre à la frontière
Ils versent sur l'État des torrens de lumière.

C'est ainsi que la cour en parle hautement;
Mais quand on parle bas, on s'exprime autrement.

ALPHONSE.

Ah! voyons!...

POLICASTRO.

De votre oncle on a fait un grand homme;
Et le duc d'Albano sans doute est économe,
Mais de ses fonds à lui. Les comptes du trésor,
Qu'il n'a pas trouvés clairs, sont plus obscurs encor.
Perdu dans ce chaos de chiffres et de nombres,
Il voulut séparer la lumière des ombres.
C'était là son orgueil, et dès son premier pas
Il dit : Que le jour soit; mais le jour ne fut pas.
Changeant, confondant tout et s'embrouillant lui-même,
Il va, roule à tâtons de système en système.
Dans cette épaisse nuit, troublé par ses grands biens,
Il mêle quelquefois nos fonds avec les siens,
Et par distraction garde ce qu'il faut rendre;
Mais l'argent se ressemble, et l'on peut s'y méprendre.
C'est votre oncle, après tout...

ALPHONSE.

Qui, lui? le bon parent!
Il n'a jamais voulu me faire qu'un présent,
Sa terre de Pæstum, dont l'entretien l'ennuie;
Un parc, des fleurs, des eaux qui vont les jours de pluie;

Et la fièvre, docteur, qui gâte tout cela.
POLICASTRO.
C'est à moi qu'il devait faire ce présent-là.
ALPHONSE.
Aussi j'ai refusé : mais parlons de Sassane.
POLICASTRO.
De plein vol au conseil sur ses rivaux il plane,
Mais sans voler très haut, terre à terre; et pourtant
Aux yeux des étrangers c'est un homme important.
Nourrir entre eux et nous la bonne intelligence,
C'est la part qu'il choisit pour son tiers de régence.
Grave dans ses travaux, le soir moins solennel,
Il s'est fait pour le monde un sourire éternel.
Nul soin ne vient rider son front diplomatique.
Sans jamais s'expliquer, parlant pour qu'on s'explique,
Il est fin; mais souvent, dupe d'un moins adroit,
Il arrive trop tard, faute de marcher droit.
Du reste, à ce qu'on dit, grand amateur des belles,
Et, par sa vanité, sans défense contre elles,
Il ne se doute pas qu'une femme à seize ans
En sait plus, pour tromper, que nos vieux courtisans.
ALPHONSE.
Et voilà du pouvoir les suprêmes arbitres!
Enfin à cet honneur ils ont bien quelques titres;
Mais qui pouvait s'attendre à voir arriver là

Le mérite inconnu du marquis de Polla?

POLICASTRO.

C'est bien la nullité la plus impertinente
Qui gouverna jamais de Palerme à Tarente!
Battu, je ne sais quand, il se trouva fort mal
Du choc de l'ennemi dans un combat naval.
Il s'enfuit vent en poupe, et du nom de retraite,
En citant les Dix-Mille, honora sa défaite,
En exploita la gloire, et fier de son laurier,
Se fit brusque depuis, pour avoir l'air guerrier.
Il tranche; il dit : morbleu! mais sa franchise austère
Adoucit au besoin ce vernis militaire.
Il prétend qu'à la cour il se croit dans un camp,
Et, louangeur outré, vous flatte en vous brusquant.
Qui descend comme moi dans ses terreurs intimes,
Sait qu'il est dégoûté des palmes maritimes;
Et telle est son horreur, qu'on le vit quelquefois
Pâle de souvenir en contant ses exploits.
Un roi guerrier qui meurt dit du mal de la gloire;
Le prince en expirant, blasé sur la victoire,
Dans les mains de Polla mit la guerre, et jamais
Prince n'a mieux prouvé son amour pour la paix.

ALPHONSE.

Mais sa fille, sa fille aimable autant que belle,
Sans leur consentement ne peut disposer d'elle?

Chacun en le donnant perd son autorité;
L'obtenir, impossible!

POLICASTRO.

Ah! c'est la vérité.
Conserver ce qu'on tient est un parti commode,
Et les démissions ne sont pas à la mode.
Mais la princesse un jour rentrera dans ses droits.
Que veut le testament? qu'elle fasse un bon choix;
Le temps seul nous éclaire, et ce n'est pas folie
De réfléchir un an au bonheur de sa vie.

ALPHONSE.

Vous êtes d'un sang-froid à me désespérer!
Le temps!... Eh! sa raison suffit pour l'éclairer.
Je m'irrite en pensant... et pourquoi? que m'importe?
Que dis-je? ah! quand on aime...

POLICASTRO.

Aisément on s'emporte;
Mais n'en rougissez pas; nous sommes tous deux fous.

ALPHONSE.

Comment?

POLICASTRO.

Je suis épris du même objet que vous.

ALPHONSE.

Vous aimez la princesse!

ACTE I, SCÈNE III.

POLICASTRO.

Allons donc; quel blasphème!
Qui, moi! vous vous moquez.

ALPHONSE.

Mais c'est elle que j'aime.

POLICASTRO, à part.

La princesse!

ALPHONSE.

Écoutez : vous apprendrez par moi
Combien un cœur malade est peu maître de soi;
Et quand à notre perte un fol amour nous mène,
Jusqu'où peut s'égarer l'extravagance humaine.
Vous comprendrez mes maux : mon Dieu! qu'il est heureux
Que pour les mieux sentir vous soyez amoureux!

POLICASTRO.

Bien obligé.

ALPHONSE.

Du jour que j'aimai la princesse,
Habile à me tromper j'ignorai ma faiblesse.
Je vis, je voulus voir dans ce fatal penchant
Pour le sang de mes rois un culte plus touchant,
Plus tendre, et cette ardeur imprudemment nourrie
Redoubla, s'exalta jusqu'à l'idolâtrie.
Quels jours plus beaux alors, mieux remplis que les miens!
Je l'aimais, l'admirais, et dans ses entretiens,

Dans ses éclairs d'esprit dont la flamme est si vive,
Dans le mol abandon de sa grace naïve,
Dans ses yeux, dans ses traits, je puisais chaque jour
Ce poison dévorant qui m'enivrait d'amour.
Ma tête se perdait : jugez de mon délire,
Je crus que dans les miens ses yeux avaient su lire.
Vingt fois je crus les voir, pleins d'un trouble enchanteur,
Se reposer sur moi, s'attendrir... Ah! docteur,
Quels regards! mon cœur bat quand je me les rappelle,
Et semble me quitter pour s'élancer près d'elle.
Ils égaraient mes sens ; je cédais, mes efforts
Ne pouvaient dans mon sein contenir mes transports;
Vaincu, j'allais parler... jamais beauté plus fière
Ne vous fit d'un coup d'œil rentrer dans la poussière ;
Jamais plus froid sourire à la cour n'a glacé
Sur les lèvres d'un sot un aveu commencé.
Je restais confondu, muet, tremblant de rage;
Mais en la détestant je l'aimais davantage.

POLICASTRO, à part.

A mes instructions je ne comprends plus rien.

(haut.)

Cependant Béatrix...

ALPHONSE.

Pour former ce lien,
J'écoutai ma raison, ou plutôt ma colère :

Las d'être dédaigné, je résolus de plaire,
D'inspirer cet amour dont j'étais consumé,
D'aimer qui que ce fût, mais au moins d'être aimé!
Je courus au-devant d'un plus doux esclavage;
La comtesse était belle et reçut mon hommage.
D'un affront tout récent la tête encore en feu,
Un jour de désespoir je lui fis mon aveu.
Le dirai-je? insensé! je crus que son altesse
D'un dépit mal caché ne serait pas maîtresse.
Erreur! il fallut plaire et je m'y condamnai.
Pour me rendre amoureux, quel mal je me donnai
Souvent plus on est morne et plus on intéresse :
Je touchai Béatrix : j'étais d'une tristesse,
Je m'effrayais déjà de mon bonheur prochain;
Mais je m'y résignais, quand un ordre soudain
En garnison, docteur, m'exile et nous sépare.

POLICASTRO.

Ah! c'était rigoureux.

ALPHONSE.

Comment! c'était barbare;
M'envoyer à Nola! sans doute pour rêver;
Car l'ordre de la cour m'enjoignait d'observer :
C'était l'emploi prescrit à mon corps de réserve;
Mais où l'on ne voit rien, que veut-on qu'on observe?
Je sentis quelle main brisait de si doux nœuds;

Ah! vous aviez le droit de mépriser mes feux,
Orgueilleuse beauté; mais, quand ce cœur se donne,
Ne pouvant être à vous, doit-il n'être à personne?
Non : ma faiblesse au moins n'ira pas jusque-là.
J'y pensais, quand un soir je vis dans sa villa
Une veuve encor jeune, aimable et fort jolie,
La baronne d'Elma, par son deuil embellie.
Respirant la vengeance, en amant révolté,
Dans ce nouveau lien je me précipitai.
Mais, soigneux de la fuir, je parais son visage
Des traits toujours présens dont j'adorais l'image.
Je prêtais à sa voix ces dangereux accens,
Que rêvait mon oreille; et lorsque sur mes sens
Cette erreur avait pris un souverain empire,
J'écrivais... Malheureux! à qui pensais-je écrire?
A ma verve amoureuse alors rien ne coûtait;
Mon inspiration jusqu'aux vers se montait :
Oui, j'ai jusqu'aux sonnets poussé la frénésie!
Quelle flamme éloquente et quelle poésie!
Allez, si du public un beau jour ils sont lus,
De Laure et de Pétrarque on ne parlera plus.
Mais chaque lettre, hélas! était pour la princesse.
Fureurs, transports, sermens, tout... excepté l'adresse.
La baronne lisait; qui m'aurait résisté?
Je lui parlais d'hymen, j'allais être écouté;

ACTE I, SCÈNE III.

Tout à coup son altesse à la cour me rappelle.
POLICASTRO.
Certes, votre colère était bien naturelle.
ALPHONSE.
Furieux, j'obéis; je pars, docteur; j'accours.
Quels siècles se traînaient dans ces instans si courts,
Où mes vœux empressés dévoraient la distance!
J'arrive : du néant je passe à l'existence;
Mais triste, mais ravi, plein de crainte et d'espoir,
Je vais, je viens; je brûle et tremble de la voir.
Ah! je vous le demande, est-on plus misérable?
Trouble toujours croissant, contrainte insupportable,
Mal d'autant plus cruel que j'aime à le souffrir,
Que je sens ma folie, et n'en veux pas guérir!
POLICASTRO.
On se moque de vous, et c'est du despotisme.
ALPHONSE.
Que d'intérêt pourtant dans un tel égoïsme!
POLICASTRO.
Pure coquetterie!
ALPHONSE.
        Oui, j'en conviens, j'ai tort.
POLICASTRO.
Le célibat par ordre!

ALPHONSE.
Il est vrai, c'est trop fort !
POLICASTRO.
Bien.
ALPHONSE.
Je prends mon parti.
POLICASTRO.
C'est très bien.
ALPHONSE.
Son altesse
Saura que je prétends épouser la comtesse.
POLICASTRO.
Comment ?
ALPHONSE.
Non, la baronne... Un scrupule que j'ai,
C'est qu'avec Béatrix je me suis engagé.
Voyez de quels chagrins une faute est suivie :
Peut-être je ferai le malheur de sa vie.
POLICASTRO.
Grande leçon, jeune homme ! On plaît à force d'art,
Et le cœur qu'on séduit est constant par hasard.
ALPHONSE.
Le sien, si vous saviez à quel excès il m'aime !
POLICASTRO.
Je le sais.

ACTE I, SCÈNE IV.

ALPHONSE.

N'est-ce pas? O ciel! c'est elle-même!
Je m'en vais.

POLICASTRO.

Non, restez.

ALPHONSE.

Ne lui parlez de rien.

POLICASTRO.

Mon Dieu, n'ayez pas peur.

ALPHONSE.

Le fâcheux entretien!

SCÈNE IV.

Les précédens, BÉATRIX.

BÉATRIX, à part.

Comme il paraît ému! son désespoir me glace.

ALPHONSE, à part.

Elle est loin de prévoir le coup qui la menace.
(haut.)
Après un an d'exil, madame, il est permis
D'éprouver quelque trouble auprès de ses amis.

BÉATRIX.

Comte, j'en puis juger par celui qui m'agite,

Et c'est presque en tremblant que l'on se félicite.
POLICASTRO.
Quel spectacle touchant, et que je suis heureux
Du plaisir qu'à vous voir vous goûtez tous les deux!
BÉATRIX.
Oui, quelque changement qu'un an d'absence amène...
ALPHONSE.
Bien qu'on semble moins tendre et qu'on écrive à peine...
BÉATRIX.
N'importe, il est bien doux...
ALPHONSE.
     Sans doute, on est charmé
De voir ceux qu'on aimait...
BÉATRIX.
     Et dont on fut aimé.
(au docteur.)
Venez à mon secours.
ALPHONSE, au docteur.
    Tirez-moi donc d'affaire,
Sans rien brusquer pourtant.
POLICASTRO, bas à Alphonse.
     Allons, je vais le faire.
(haut.)
Complimentez madame; à ses pieds un contrat
Fixe le plus galant de nos hommes d'État,

ACTE I, SCÈNE IV.

Sassane, et vous avez le charmant avantage
D'apprendre en arrivant son prochain mariage.

ALPHONSE.

Quoi! vous?... J'en suis ravi, madame, assurément.
(à part.)
Les femmes!

POLICASTRO, à Béatrix.

Il a droit au même compliment :
La baronne d'Elma vivait dans la tristesse,
Il va la consoler en la faisant comtesse.

BÉATRIX.

Ah! j'en suis... tout le monde en doit être enchanté.
(à part.)
Et moi qui m'effrayais de sa fidélité!

POLICASTRO.

Vous ne dites plus rien?

ALPHONSE.

J'en aurais trop à dire.

BÉATRIX.

J'aurais trop à me plaindre.

POLICASTRO.

Alors, il faut en rire.

BÉATRIX, à Alphonse en souriant.

Voulez-vous?

ALPHONSE, riant aussi.

Volontiers.

POLICASTRO, qui rit aux éclats.

Eh bien! rions tous trois.
Sans se donner le mot, se guérir à la fois !
Voyez quel embarras pouvait être le vôtre,
Si l'un était resté plus fidèle que l'autre.
C'est un coup de fortune, et ceci vous fait voir
Combien l'on a souvent raison sans le savoir.

BÉATRIX, tendant la main à Alphonse.

Comte, je vous pardonne.

ALPHONSE.

O bonté sans égale!

POLICASTRO.

Mais chut! voici la cour.

UN HUISSIER.

Son altesse royale!

SCÈNE V.

Les précédens, AURÉLIE, le grand-juge, le duc de SORRENTE, le baron d'ENNA, le marquis de NOCERA, un membre de l'académie de Salerne, courtisans, dames d'honneur, etc.

(Au moment où l'huissier annonce la princesse, elle sort de son appartement ; les courtisans entrent par la galerie du fond.)

AURÉLIE.

Bonjour, messieurs. Baron, j'ai fait valoir vos droits :

(à un autre courtisan.)

Le conseil pense à vous. Le duc va mieux, je crois :
Complimentez pour moi notre pauvre malade.

(à un autre.)

Comte, vous l'emportez, vous aurez l'ambassade.

(à un membre de l'académie.)

Ah! notre académie a fait un fort bon choix :
Le public comme vous a nommé cette fois.

(au duc de Sorrente.)

Pour ce vieil officier j'ai lu votre demande :
Ses droits sont peu fondés, mais sa détresse est grande,
Il sera secouru.

LE DUC DE SORRENTE.

Que de bontés !

AURÉLIE.

Marquis,
Votre fête d'hier était d'un goût exquis :
Rien de mieux entendu que ce bal sous l'ombrage.
Tout m'a semblé charmant.

LE MARQUIS.

Pardonnez, si l'orage...

AURÉLIE.

Que voulez-vous ! du temps on ne peut disposer.

LE MARQUIS.

Votre altesse a daigné...

AURÉLIE.

J'ai daigné m'amuser.
Vous avez fait honneur à votre présidence,
Et combattu le luxe avec une éloquence,
Grand-juge !

LE GRAND-JUGE.

Mon discours...

AURÉLIE.

Admirable, accompli,
Au point qu'en parcourant vos jardins d'Eboli,
J'y rêvais... Le beau lieu ! ces marbres, ces antiques,
Quels trésors ! Vous avez des jardins magnifiques.

ALPHONSE, à part.

Pas un seul mot pour moi !

AURÉLIE.

Que dit-on à la cour,
Béatrix ? contez-moi les nouvelles du jour.

BÉATRIX.

Des princes d'Amalfi la brillante héritière,
Si vaine de son rang, de son titre si fière,
Votre altesse va rire ; elle épouse, dit-on,
Un homme de néant : quelque mérite, un nom ;
Mais on la blâme...

AURÉLIE.

En quoi ? pour quels torts ? est-ce un crime
D'immoler son orgueil à l'amant qu'on estime ?
Ce choix, que je connais, ne peut faire un ingrat ;
Je l'approuve ; et demain je signe le contrat.
Ayons de l'indulgence : honorer ce qu'on aime,
Comtesse, quelquefois c'est s'honorer soi-même.

BÉATRIX.

J'avais tort ; tout est bien, vous approuvez leurs nœuds.

AURÉLIE, à Policastro.

Quel temps, docteur ?

POLICASTRO, qui observe la princesse.

Madame, un temps...

AURÉLIE.

Un temps ?

POLICASTRO.

            Douteux.

AURÉLIE.

Mon Dieu! de mille soins j'ai la tête accablée...
Je voulais sur le golfe... Ah! je suis désolée!

POLICASTRO.

Un admirable temps pour respirer le frais :
Point de soleil, de pluie; un temps fait tout exprès.

AURÉLIE.

Je pourrais retarder le conseil de régence?

POLICASTRO, gravement.

Dussiez-vous m'accuser d'un peu trop d'exigence,
Il le faut.

BÉATRIX.

  Oui, vraiment.

AURÉLIE.

       Si vous le voulez tous,
J'y consens. Eh bien donc, messieurs, préparez-vous.

(à Béatrix.)

Il faudra ce matin chercher les barcaroles
Dont le docteur hier nous donna les paroles;
Ma guitare, comtesse, est si bien dans vos mains!
Vous nous répèterez vos airs napolitains.
Allez, messieurs; la mer effraie un peu les femmes;
Je saurai gré pourtant à celles de vos dames

Qui, sur la foi des vents prêtes à tout oser,
Au naufrage avec moi voudront bien s'exposer.
(Toute la cour sort par le fond.)

ALPHONSE, à part.

Rien! rien! que de froideur! Ah! je suis au martyre.
AURÉLIE, à Alphonse avec sévérité.

Comte, j'aurai plus tard quelques mots à vous dire.
(à Béatrix.)
Venez : et vous, docteur, passons dans les jardins.
(Tout le monde sort.)

SCÈNE VI.

ALPHONSE, seul.

Comme on me traite, ô ciel! que d'orgueil! quels dédains!
Mon cœur en a saigné; mais du moins cette injure
Est un remède amer qui guérit ma blessure.
Enfin je n'aime plus : ce serait lâcheté
Que d'adorer encor cette altière beauté.
Revenons à l'objet dont mon ame est éprise,
Au seul objet que j'aime. Oui, vos nœuds je les brise;
Mais je vous le dirai, mais en quittant ce lieu
Ce sera ma vengeance et mon dernier adieu.
Adieu donc pour jamais, fière et froide Aurélie!

A de plus grands que soi vouloir plaire est folie :
N'aimons que nos égaux ! pour qui pense autrement,
L'amitié n'est qu'un piége et l'amour qu'un tourment.

FIN DU PREMIER ACTE.

ACTE DEUXIÈME.

SCÈNE I.

BÉATRIX, AURÉLIE.

AURÉLIE, à quelques personnes de sa suite.

Le départ dans une heure; à mes ordres fidèles,
Faites au pied du môle attendre les nacelles.

(à Béatrix.)

Le docteur vous suivait en vous parlant tout bas :
Que disait-il?

BÉATRIX.

Oh! rien.

AURÉLIE.

Ne le saurai-je pas?
Eh bien! il vous disait...?

BÉATRIX.

Un mot du comte Alphonse;
Il le plaint.

AURÉLIE, en prenant la guitare qu'elle cherche à accorder.

A cela quelle est votre réponse?

BÉATRIX.

Que je le plains aussi. N'est-il pas malheureux
D'avoir pu mériter cet accueil rigoureux ?

AURÉLIE, lui donnant la guitare.

J'y renonce, tenez.

BÉATRIX.

Je suis bien moins habile ;
Mais si madame veut, je puis...

AURÉLIE.

C'est inutile.

Malheureux, vous croyez ?

BÉATRIX.

Ah! le comte?

AURÉLIE.

Et qui donc?

BÉATRIX.

Désespéré, madame, et digne de pardon.
Oui, quels que soient ses torts, je le crois excusable,
Et je viens demander la grace du coupable ;
En toute humilité, voyez, à deux genoux...

AURÉLIE.

Enfantillage; allons, comtesse, levez-vous.
Il vous inspire donc un intérêt bien tendre ?

BÉATRIX.

Lui? la seule amitié m'oblige à le défendre ;

ACTE II, SCÈNE I.

Et j'atteste à madame...

AURÉLIE.

Eh non ! j'ai plaisanté.
Ouvrez ce portefeuille.

BÉATRIX.

A tant d'activité
On succombe.

AURÉLIE.

Est-ce fait ?

BÉATRIX.

Je tiens la clef fatale ;
Il s'ouvre en gémissant, et l'ennui s'en exhale.
Ma main sonde le gouffre. O Dieu ! que de placets
Qui d'un regard auguste attendent leurs succès !
S'il faut répondre à tout pour gouverner l'empire,
On doit être tenté de répondre sans lire.

AURÉLIE.

On le fait quelquefois, mais je crois qu'on a tort.
Mes yeux sont fatigués : lisez-moi ce rapport ;
J'écoute.

BÉATRIX.

Une dépêche ! elle a plus d'une page...
Oh ! madame, des vers ! Est-ce que c'est l'usage ?

AURÉLIE.

Une dépêche en vers !

BÉATRIX.

Non pas, mais un sonnet,
Oublié par hasard sous le premier feuillet;
Le lirai-je?

AURÉLIE.

Voyons.

BÉATRIX, lisant.

Vers composés à Nola, sur le tombeau d'Auguste.

« Modèle d'amitié pour un sujet perfide,
« Sans pitié pour l'amour, ton cœur, qui pardonna
  « Le crime avéré de Cinna,
  « Punit les torts secrets d'Ovide. »

AURÉLIE.

Je veux voir l'écriture.

(Elle lit.)

« Amant d'une princesse, il trahit un devoir;
« Une si douce erreur est-elle si coupable?
  « Sans y prétendre on est aimable,
  « Et l'on aime sans le vouloir. »

BÉATRIX.

C'est bien vrai.

AURÉLIE.

« Loin, bien loin du beau ciel dont l'azur nous éclaire,
  « Il meurt, mais il avait su plaire,
  « Et l'amour dut le regretter.

« Sur ce froid monument, où mon exil m'enchaîne,
  « Je consens à subir sa peine,
  « Mais je voudrais la mériter. »

BÉATRIX.

Je connais... Voyons la signature.

Souffrez...

AURÉLIE, vivement, repliant le papier.

Laissons cela, nous ferons beaucoup mieux;
Et je dois m'occuper d'objets plus sérieux.
Ne dessinez-vous pas?

BÉATRIX.

Oui, Pæstum; je commence...

(Elle s'établit sur la table qui est de l'autre côté du théâtre et regarde son dessin.)

Les trois temples debout dans un désert immense;
La mer où le soleil darde ses derniers traits,
Et sous leurs grands chapeaux trois brigands calabrais.

AURÉLIE, signant un placet.

C'est juste, et j'y consens.

BÉATRIX, en dessinant.

Si j'étais son altesse,
Je rendrais un édit dont la teneur expresse
Serait que les brigrands obtiendront plus d'égards....

AURÉLIE.

Vu...

BÉATRIX.

Vu que leur costume est utile aux beaux-arts.

AURÉLIE.

De ce considérant j'admire la prudence,

Et je veux vous admettre au conseil dé régence.

BÉATRIX.

Moi ? La discussion n'en irait pas plus mal.

AURÉLIE.

Si l'on délibérait sur les apprêts d'un bal.

BÉATRIX.

J'ai fait de grands progrès, madame, en politique.

AURÉLIE.

Le comte de Sassane, il est vrai, vous l'explique.

BÉATRIX.

Son altesse saurait...?

AURÉLIE.

Tout, et vous conviendrez
Que les secrets d'État seraient aventurés.

BÉATRIX. (Elle se lève et vient s'appuyer sur le dos du fauteuil de la princesse.)

Pourquoi donc?

AURÉLIE.

Vous voyez qu'on devine les vôtres.

BÉATRIX.

On peut dire les siens et garder ceux des autres.

AURÉLIE.

Il faut garder les siens ; car en fait de secrets,
Une indiscrétion fait beaucoup d'indiscrets.

SCÈNE II.

Les précédens, UN HUISSIER DU PALAIS.

L'HUISSIER.
Le comte d'Avella demande une audience.
BÉATRIX.
Madame l'admettra sans doute en sa présence?
AURÉLIE, à l'huissier.
Vous allez l'introduire.
BÉATRIX.
Ah! j'espère...
AURÉLIE.
Écoutez :
Sur toute autre disgrace appelez mes bontés.
On doit punir un tort comme on paie un service;
La bonté dans les rois passe après la justice.
Allez.
BÉATRIX, à part.
Quel ton sévère! Il n'est pas bien en cour.

(Elle sort.)

SCÈNE III.

ALPHONSE, AURÉLIE.

ALPHONSE.

Votre altesse...

AURÉLIE.

J'ai dû presser votre retour ;
Comte, on se plaint de vous : je m'afflige et m'irrite
Qu'un homme dont mon père estimait le mérite,
D'un dévoûment connu, d'un nom si respecté,
Ait donné quelque prise à la malignité.

ALPHONSE.

J'étais trop malheureux pour redouter l'envie ;
Et c'est moi qu'on outrage ! On veut noircir ma vie !
Moi, vous trahir ! comment ! de quoi m'accuse-t-on ?

AURÉLIE.

Ce n'est pas tout à fait de haute trahison ;
Je ne l'aurais pas cru ; mais d'un défaut de zèle.

ALPHONSE.

Votre altesse n'a pas de sujet plus fidèle,
Plus ardent, plus zélé.

AURÉLIE.

Je l'ai cru jusqu'ici ;

ACTE II, SCÈNE III.

Mais j'ai lieu de penser qu'il n'en est plus ainsi.
Ce dévoûment vous lasse ; un sentiment contraire,
Des devoirs qu'il impose est venu vous distraire.
Quels sont-ils? et pourquoi faut-il vous en parler ?
Mais à qui les oublie on doit les rappeler.
Hâter les armemens que le conseil prépare,
Surveiller les travaux de nos forts qu'on répare,
En établir les plans, exercer le soldat,
Placer des corps d'élite aux confins de l'État,
Tels étaient ces devoirs.

ALPHONSE.

Madame, je vous jure
Que je les ai remplis.

AURÉLIE.

Cependant on assure
Que votre cœur troublé de soins moins importans
Pour vous en occuper vous laissait peu de temps.

ALPHONSE.

De quels soins parle-t-on?

AURÉLIE.

Je ne veux rien connaître;
Des penchans de son ame on n'est pas toujours maître,
Et ce sont des secrets que j'aurais ignorés,
S'ils n'avaient compromis des intérêts sacrés.

ALPHONSE.

Permettez qu'à vos yeux ce cœur...

AURÉLIE, sévèrement.

Monsieur le comte,
C'est de vos travaux seuls qu'il faut me rendre compte.

(Elle s'assied.)

ALPHONSE.

J'obéis : nos soldats, divisés en trois corps,
De Nola sur trois points protégent les abords.
Aux défilés des monts j'en ai placé l'élite...

AURÉLIE.

Ah! près d'une villa qu'une baronne habite.
Le régent de la guerre un jour me la nomma...
La baronne... aidez-moi.

ALPHONSE.

La baronne d'Elma.

AURÉLIE.

D'Elma! c'est cela même.

ALPHONSE.

Il ajoutait peut-être
Qu'auprès d'elle assidu...

AURÉLIE.

C'est ce qui devait être.

ALPHONSE.

Madame!...

ACTE II, SCÈNE III.

AURÉLIE.

Nos soldats, comme vous le disiez...?

ALPHONSE.

Ont réparé les forts qui m'étaient confiés ;
Et de Saint-Angelo l'antique citadelle
Par un nouveau rempart...

AURÉLIE.

Cette baronne est belle ?

ALPHONSE.

Elle a quelque beauté. Convenait-on du moins,
Madame, en m'accusant de lui rendre des soins,
Que jamais...

AURÉLIE.

Nos soldats?

ALPHONSE.

J'eus l'honneur de vous dire
Qu'à mon poste fidèle...

AURÉLIE.

Oui ; mais écrire, écrire,
Toujours peindre un amour qu'on ne peut renfermer,
Ou voir l'objet, qu'au reste on est libre d'aimer,
Le mal n'est pas moins grand : chaque heure ainsi remplie
Est un larcin qu'on fait au devoir qu'on oublie.

ALPHONSE.

Soigneux de diriger les travaux pas à pas...

AURÉLIE.

Mais il est des travaux dont vous ne parlez pas :
A vos lauriers, dit-on (la gloire est indiscrète),
Vous ajoutez encor les palmes du poète?

ALPHONSE.

Pardonnez...

AURÉLIE.

C'est donc vrai? le prodige est réel?
Quoi! poète et guerrier, c'est être universel.
Je doute cependant que cette renommée
Puisse augmenter pour vous le respect de l'armée;
Mais qu'on se perde ou non dans tous les bons esprits,
L'amour d'une baronne est d'un bien autre prix,
Quand d'ailleurs sur vos vers, qu'elle-même publie,
On la juge en tous lieux une femme accomplie.

ALPHONSE.

On a tort.

AURÉLIE.

Et pourquoi?

ALPHONSE.

Des souvenirs plus chers
Pour une autre, madame, avaient dicté ces vers.

AURÉLIE.

Une autre! ah! Béatrix; elle est vraiment aimable :
Mon père à votre hymen ne fut pas favorable;

Vous l'aimiez : dans le temps je sais qu'on en parla :
C'est elle que vos vers célébraient à Nola?

ALPHONSE, vivement.

Non, madame, c'était...

AURÉLIE, avec fierté.

Qui donc?

ALPHONSE, avec embarras.

En poésie,
On prend un personnage..., un nom de fantaisie.
On embellit alors cet objet idéal
D'un charme si puissant, qu'il nous devient fatal.
Le poète en aimant croit aimer son ouvrage :
Mais non, trompé lui-même, il a tracé l'image
Que de son triste cœur le temps n'a pu bannir,
Et sa création n'était qu'un souvenir.

AURÉLIE.

Un souvenir! vraiment? si l'image est fidèle,
D'une beauté si rare où trouver le modèle?

ALPHONSE.

Sur le trône sans doute.

AURÉLIE.

Alors quel souverain
Peut se croire assez grand pour prétendre à sa main?

ALPHONSE.

Les rois, oui, les rois seuls ont le droit d'y prétendre;

Mais l'admirer du moins quand on a pu l'entendre,
Ne l'oublier jamais quand on a pu la voir,
Ah! c'est le droit de tous, et c'est presque un devoir.
Ce culte de respect et de reconnaissance,
Que l'on rend aux vertus bien plus qu'à la naissance,
Un peuple vous le doit : mais s'il est des sujets
Admis par votre altesse à jouir de plus près
Du charme qui s'attache à sa présence auguste,
Leur respect plus ardent n'en devient que plus juste.
Un an tel fut mon sort; funeste souvenir!
De quels objets depuis il vint m'entretenir !
Lui seul il m'égarait; il causa ma folie.
N'est-on pas malgré soi poète en Italie?
Lui seul il me rendait ces jardins, ce séjour,
Ce tumulte enivrant des fêtes de la cour;
Ces bals où la grandeur noblement familière
Semblait pour régner mieux s'oublier la première;
Le spectacle touchant des pleurs qu'elle essuyait,
Ce golfe où, sur les flots, lorsque le jour fuyait,
Votre altesse chantait les airs de sa patrie,
Où les accens plus doux de sa voix attendrie,
Dans ce calme du soir, ce silence des vents,
Au milieu des parfums dont s'enivraient nos sens...

AURÉLIE, émue.

La saison fut charmante; oui, je me le rappelle.

ALPHONSE.

Et l'on accuserait la froideur de mon zèle,
Quand un seul souvenir remplissait mes esprits !
Qu'on en blâme l'excès, on le peut, j'y souscris;
Qu'on en fasse à vos yeux un crime impardonnable;
Mais si du dévoûment l'excès même est coupable,
Jamais devant son juge avec moins de remords
Sujet plus criminel n'a reconnu ses torts.

AURÉLIE.

Eh bien donc !... ces remparts... oui, cette forteresse...
Vous disiez ?

ALPHONSE.

J'eus l'honneur de dire à votre altesse
Qu'avant de me résoudre à former un lien
Où tout est convenance, où le cœur n'est pour rien...

AURÉLIE.

Vous me disiez cela ?

ALPHONSE.

Souffrez que je le dise;
Il faut qu'à m'engager votre aveu m'autorise.

AURÉLIE.

Comte, vous l'obtiendrez.

ALPHONSE.

Mais...

AURÉLIE.

          Je crois entre nous
Que l'État, la noblesse, attendaient mieux de vous.
Votre pays sur vous peut avoir d'autres vues.

ALPHONSE.

Oh! ce sont des raisons que je n'ai pas prévues.
Plutôt que de blesser de si chers intérêts,
Je puis à cet hymen renoncer sans regrets.

AURÉLIE.

On doit à son pays son temps et ses services;
Mais il n'exige pas de pareils sacrifices.

ALPHONSE, avec chaleur.

Madame, à son pays, on doit tout immoler!
Non; je n'immole rien : pourquoi vous le céler?
Hélas! il faut aimer pour faire un sacrifice;
Mais plus fier, plus heureux, quel qu'en fût le supplice,
Je l'offrirais encore au devoir tout-puissant
Qui dispose à son gré de mon cœur, de mon sang,
A vos nobles aïeux, à votre auguste père,
A vous surtout, madame, à vous que je révère,
A vous qu'avec transport je...

AURÉLIE, se levant.

         Vous aimez vos rois :
Cet amour m'est connu; j'y compte et je vous crois.
Dans de tels sentimens persévérez sans cesse;

Je vois qu'on m'a trompée et j'en gémis.

ALPHONSE.

Princesse!

AURÉLIE.

Tout juger de trop bas ou tout voir de trop haut,
Des sujets et des rois c'est là le grand défaut :
Grace aux détails nombreux, aux nouvelles lumières,
Que j'ai reçus de vous sur l'état des frontières,
Je juge vos travaux, je conçois mieux vos plans,
Et rends justice entière à vos soins vigilans.
Restez auprès de moi; la cour vous est si chère!
C'est un défaut pourtant dans un homme de guerre :
Je l'excuse. Adieu, comte... Ah! j'avais oublié,
Il faudra des régens cultiver l'amitié.
Que votre oncle vous voie et qu'il vous félicite...
A notre promenade aussi je vous invite,
Si ce délassement a pour vous quelque attrait :
Mais n'y venez qu'autant que cela vous plairait.
En serez-vous?

ALPHONSE.

Madame!

AURÉLIE.

Adieu donc.

SCÈNE IV.

ALPHONSE, seul.

        C'est un ange.
De fierté, de douceur, adorable mélange!
Que son regard royal a de charme et d'éclat!
Et puis quelle aptitude aux affaires d'État!
Discuter sur un fait purement militaire;
Cet esprit à lui seul vaut tout un ministère.
C'est par amour du bien que j'en suis amoureux;
Sous son gouvernement que nous serons heureux!...
Je bravais son pouvoir; je voulais m'y soustraire,
Tenir à mes projets : j'ai fait tout le contraire.
J'ai tort, mille fois tort, ma raison me le dit;
Mais quoi! mon traître cœur tout bas s'en applaudit,
S'humilie avec joie, et, vaincu par ses charmes,
Trouve un plaisir d'esclave à lui rendre les armes.
C'en est fait!

SCÈNE V.

LE DUC D'ALBANO, ALPHONSE.

UN HUISSIER, annonçant.

Sa grandeur, le régent du trésor.

ALPHONSE.

Mon oncle ! un plan nouveau le préoccupe encor :
Il paraît tourmenté d'un calcul de finance.

ALBANO, sans voir Alphonse.

Je ne pourrai jamais établir la balance :
C'est toujours mon écueil; les emprunts sont charmans,
Hormis les intérêts et les remboursemens.
Pour assainir Pæstum c'est ma ressource unique ;
Mais quel projet ! projet d'utilité publique,
Projet dont le pays se trouvera très bien !...

ALPHONSE.

Et puis vous aurez là, mon oncle, un fort beau bien.

ALBANO.

Qui ! vous ici, monsieur !

ALPHONSE.

Moi-même.

ALBANO.

Eh ! mais, de grace,

Par quel ordre?

ALPHONSE.

D'abord que mon oncle m'embrasse.

ALBANO.

Répondez, s'il vous plaît?

ALPHONSE.

A quoi bon ce courroux?
Par l'ordre des régens : eh quoi ! l'ignoriez-vous?

ALBANO.

Monsieur, quand on gouverne, on sait tout : mais ma tête
Roulait un grand dessein qu'au passage on arrête.
Me prendre à l'improviste, et venir se heurter
Contre un calcul naissant que j'allais enfanter.

ALPHONSE.

Je reconnais mes torts.

ALBANO.

C'est trop heureux. J'augure
Que vous faites en cour une triste figure.
On vous a mal reçu?

ALPHONSE.

Moi! mon oncle; un accueil
Qui d'un régent lui-même eût satisfait l'orgueil!
Une grace achevée! une bonté touchante!

ALBANO, avec tendresse.

Ah! cher comte, tant mieux : votre bonheur m'enchante.

ALPHONSE.

Des éloges sans nombre! et je dois ajouter
Qu'on invite mon oncle à me féliciter.

ALBANO, lui serrant la main.

Du meilleur de mon cœur; ce cher neveu! mon frère
M'engagea si souvent à te servir de père!...

ALPHONSE.

Et vous m'en servirez; car, ma foi! c'est urgent:
Dieu! qu'on est orphelin quand on n'a pas d'argent!

ALBANO.

Quoi! des fonds de l'État crois-tu que je dispose?

ALPHONSE.

Non: mais, à votre aspect (vous comprendrez la chose),
Les vapeurs du trésor me montant au cerveau,
J'inventais en finance un procédé nouveau.

ALBANO.

Toi!

ALPHONSE.

Je suis sans fortune, et créais sur la vôtre
Un système d'emprunt...

ALBANO.

Qui me plaît moins qu'un autre.

ALPHONSE.

Qui vous plaira, mon oncle; et c'est avec raison
Que j'ai compté sur vous pour monter ma maison.

ALBANO.

Par intérêt public, restez célibataire :
Vous avez des neveux qui vous sortent de terre ;
Et pour peu qu'un seul jour on ait administré,
On connaît ses cousins au trentième degré.

ALPHONSE.

Un de vos trois palais me serait très commode ;
Veuillez me le céder.

ALBANO.

Ce n'est pas ma méthode.
Dans celui du sénat tu seras grandement.

ALPHONSE.

Mais ce palais, mon oncle, est au gouvernement.

ALBANO.

Et le gouvernement, c'est moi : donc, mon système
Est qu'un gouvernement loge un neveu qu'il aime.

ALPHONSE.

Pour vivre avec mon nom il faut des revenus,
Et les miens jusqu'ici ne me sont pas connus.

ALBANO.

Je me mettrai pour toi l'esprit à la torture ;
Je te promets...

ALPHONSE.

Vos fonds ?

ALBANO.

Non, quelque sinécure.

ALPHONSE.

A moi?

ALBANO.

Comme ton rang m'oblige au décorum,
Je veux en ta faveur créer un muséum,
Une direction d'antiquités étrusques,
De médailles.

ALPHONSE.

Pour moi?

ALBANO.

Sans raison tu t'offusques :
Te voilà directeur, ou bien conservateur,
D'un établissement dont je suis fondateur.

ALPHONSE.

Cherchez pour cet emploi quelque brave antiquaire.

ALBANO.

J'en connais : j'aurai soin qu'un bibliothécaire
Qui ne conserve rien, pour une indemnité
Gagne le traitement qui te sera compté.

ALPHONSE.

Par le gouvernement.

ALBANO.

Va donc au fond des choses :

C'est une abstraction, mon cher, que tu m'opposes,
Et ton oncle lui seul paîra ce traitement,
Mais sur ses revenus, comme gouvernement.
Veux-tu qu'en publiciste avec toi je m'explique?
C'est de l'économie...

ALPHONSE.

Allons donc!

ALBANO.

Politique.

ALPHONSE.

Eh bien! ce que par là vous me prouvez le plus,
C'est que l'abus des mots mène à beaucoup d'abus.
Pour moi, quand de mes fonds l'état n'est pas prospère,
J'ai recours sans scrupule à mon oncle, à mon père;
Mais être à charge à tous, et fort de votre appui,
Prélever un impôt sur le travail d'autrui!
Non : je renonce au faste et sens que la noblesse
Tient à la dignité bien plus qu'à la richesse.

ALBANO.

Ah! vous me refusez : soit.

UN HUISSIER.

Leurs grandeurs!

ALBANO.

Allez :
Mes collègues et moi, nous voici rassemblés;

Laissez-moi recueillir mes sens et ma mémoire,
Pour vaquer aux travaux d'un conseil provisoire.

SCÈNE VI.

LE MARQUIS DE POLLA; LE COMTE DE SASSANE, LE DUC D'ALBANO, TROIS HUISSIERS AVEC DES PORTEFEUILLES.

ALBANO.

Messieurs, je méditais quelque chose de grand;
Je vous en ferai part.

POLLA.

Tenez; moi, je suis franc,
Sassane, et vous, cher duc, pardon si je vous blesse,
Mais vous travaillez trop; vous travaillez sans cesse;
Vous vous sacrifiez.

SASSANE, au duc d'Albano.

Pour vous c'est dangereux;
Un esprit créateur est un don malheureux.

ALBANO.

Je m'immole, c'est vrai; mais j'ai droit de le dire,
Votre exemple m'y force.

SASSANE, lui serrant la main.

Union que j'admire!

POLLA.

Sans jamais se fâcher c'est un rare bonheur
Que de se dire ainsi ce qu'on a sur le cœur.

SASSANE. (Il fait signe aux huissiers de se retirer.)

Asseyons-nous, messieurs; la circonstance est telle
Que sur l'État, le trône, ainsi que la tutelle,
Dont les trois intérêts semblent se compliquer,
J'ai des réflexions à vous communiquer.
Par nos grands aperçus, notre sagesse active,
Nous sommes du pouvoir l'ame administrative;

(montrant Polla.)

Soit qu'un esprit sans borne en sa capacité
Combatte sur la carte ou prépare un traité,

(se retournant vers Albano.)

Soit que par des impôts un soin prudent tempère
L'essor commercial devenu trop prospère,
Soit qu'une politique, ignorée au dehors,
Ébranle l'Italie en cachant ses ressorts.
Mais ce pouvoir, messieurs, que chacun nous envie,
Et dont le poids peut-être abrége notre vie,
Si d'un commun accord nous l'avons demandé,
Si nous l'avons reçu, si nous l'avons gardé,
Si, par un dévoûment qui tous trois nous honore,
Nous sentons le besoin de le garder encore,
Pourquoi? dans quel motif et pour quel résultat?

ACTE II, SCÈNE VI.

Le plus noble de tous, l'intérêt de l'État.
Nous gouvernons donc bien ?

ALBANO.

La question m'étonne.

SASSANE.

Et pour nous remplacer nous ne voyons personne.
En esprits du même ordre, il faut en convenir,
Le présent est stérile, ainsi que l'avenir.

ALBANO.

J'avoûrai qu'au pouvoir je ne resterais guère
Si le marquis cessait d'administrer la guerre.

POLLA.

Et les finances donc, morbleu ! j'ose assurer
Que personne après vous ne pourra s'en tirer.

ALBANO.

Je m'en flatte.

SASSANE.

Pour moi, ma grandeur me fatigue ;
Que le siècle en talens n'est-il donc plus prodigue !
Sûr d'être remplacé, libre de soins...

ALBANO.

Erreur !

Vous retirer ! qui ? vous !

POLLA.

Ma foi, j'entre en fureur.

Egoïsme tout pur qu'une telle manie,
Et ce n'est pas pour soi que l'on a du génie.

SASSANE.

Ce dégoût des honneurs par moi manifesté
Vous semble pour l'empire une calamité :
Je le combattrai donc ; mais si je dois conclure
Que la chose publique irait à l'aventure,
Que tout serait abus, confusion, chaos,
Pour peu qu'un seul de nous rentrât dans le repos,
Veuve de tous les trois, que devient la patrie?

ALBANO.

Et pourquoi donc prévoir ce malheur, je vous prie?
Mon cher collègue, au fait !

POLLA.

C'est vrai, plus de détours :
J'ai puisé dans les camps l'horreur des longs discours,
Et si je vous en veux, si vous êtes coupable,
C'est que vous me rendez l'éloquence agréable.

SASSANE.

Ce malheur est prochain : à sa majorité,
La princèsse de droit reprend l'autorité,
Règne, et sur les débris d'un pouvoir qu'elle brise
Place un prince inconnu de Toscane, de Pise,
De Ferrare ou de Lucque; enfin je vous apprends
Que le duc de Modène est déjà sur les rangs.

ACTE II, SCÈNE VI.

ALBANO.

Gagnons l'ambassadeur!

POLLA.

Mais, pour Dieu! point de guerre!

SASSANE.

Le fer qui tranche tout n'est qu'un moyen vulgaire :
Alexandre-le-Grand me plaît sous un rapport;
Mais comme diplomate il s'est fait bien du tort.
Ne tranchons pas le nœud : qu'une manœuvre habile
Le forme à notre gré pour nous le rendre utile.
La princesse, messieurs, nous estime tous trois,
Nous aime : unissons-nous pour diriger son choix,
Non sur un étranger qui, fier du diadème,
Se mettrait dans l'esprit de gouverner lui-même.
Il faudrait dans sa cour choisir un souverain,
Un roi digne de l'être, un roi de notre main,
Noble comme... nous trois.

POLLA.

D'accord.

ALBANO.

C'est sans réplique.

Grand administrateur...

SASSANE.

Ou profond politique.

POLLA.
Ou capitaine habile.

SASSANE.
Et qui nous conservât;
Car avant tout, messieurs, l'intérêt de l'État!

POLLA.
Eh bien! je vais au fait : à quoi bon le mystère?
Il est temps de parler en loyal militaire.
Je vois qu'aucun de nous ne veut penser à lui :
Pourquoi? Qu'un de nous règne, et son royal appui
Préserve ses rivaux d'une double disgrace;
Vous restez, nous restons, et tout reste à sa place.

SASSANE.
Alors cherchons à plaire; et pour moi je promets
Qu'au choix de son altesse en tout je me soumets.

ALBANO.
Faisons-nous par nos soins des droits à la couronne,
Sans nous nuire entre nous et sans nuire à personne.

POLLA.
M'en préserve le ciel! Pourtant, sans intriguer,
Tous trois contre Modène il faudra nous liguer.

SASSANE.
La vérité suffit en pareille matière,
Et je veux au conseil la dire tout entière.
Appuyez-moi.

ACTE II, SCÈNE VI.

ALBANO.

C'est bien.

SASSANE, à Albano.

Mais votre cher neveu
Est un témoin gênant.

POLLA.

Je l'embarque, morbleu!
Je veux humilier la puissance ottomane,
Et voici quatre mois que la flotte est en panne.
Qu'elle parte : au conseil appuyez mon projet.

SASSANE.

Vous pouvez y compter.

ALBANO.

Moi, sur un autre objet
J'y réclame à mon tour votre utile assistance.

SASSANE.

(Ils se lèvent.)

Vous l'aurez : ainsi donc tout est réglé d'avance.

POLLA.

Arrêtez : nous savons ce que vaut un serment.
Jurons donc d'accomplir ce saint engagement,
En conservant chacun dans ses prérogatives,
Titres, pouvoirs, emplois, dignités respectives.

ALBANO.

Et traitemens, messieurs!

SASSANE.

     En un mot, jurons tous
De forcer nos neveux à redire après nous
Que trois rivaux d'amour...

ALBANO.

    De gloire....

POLLA.

      De fortune...

SASSANE.

En disputant le trône ont fait cause commune,
Pour se le partager, sans regret, sans débat,
Et dans un but sacré :

  TOUS TROIS, étendant la main pour jurer.

   L'intérêt de l'État !

FIN DU DEUXIÈME ACTE.

ACTE TROISIÈME.

SCÈNE I.

SASSANE, seul.

Rompre avec la comtesse est un mal nécessaire.
Jeune, on croit qu'en amour le grand art est de plaire;
Plus tard on s'aperçoit que rompre sans éclat,
Par calcul ou fatigue, est le point délicat.
Tromper un vieux ministre, amener par la ruse
Un ennemi vainqueur à la paix qu'il refuse,
Demandent moins de soins qu'il n'en faut pour traiter
Avec l'orgueil déçu d'un cœur qu'on veut quitter.
J'y parviendrai pourtant, j'en ai quelque habitude;
Tandis qu'à plaire ailleurs je mettrai mon étude.
Mes rivaux, bonnes gens, que je redoute peu,
Mais qu'il faut ménager pour avoir leur aveu!
Roi, je verrai par suite... Oui, dans notre sagesse,
Nous verrons à quel point nous lie une promesse,
Et si ce grand mobile à qui tout doit céder,
L'intérêt de l'État, permet de les garder.

Mais voici la comtesse; au risque d'un orage,
Je veux entre elle et moi mettre un léger nuage.

SCÈNE II.

BÉATRIX, SASSANE.

BÉATRIX.

Ah! quel évènement!

SASSANE.

Qu'avez-vous?

BÉATRIX.

Je promets
Que j'ai fait à la mer mes adieux pour jamais.

SASSANE.

Parlez.

BÉATRIX.

Un ouragan, des vagues, le tonnerre!
La belle horreur à voir, quand on la voit de terre!

SASSANE.

Comptez-moi vos malheurs.

BÉATRIX.

Dans ce commun danger,
Un tiers de la régence a failli naufrager.
Car pour narguer les vents, le tonnerre et Neptune,

Notre barque portait César et sa fortune :
Plus galant que jamais, le marquis de Polla,
Le gouvernail en main, avec nous s'enrôla.
Son titre d'amiral et son air d'importance
Me rassuraient d'abord sur ma frêle existence.
Je chantais...comme on chante alors qu'on tremble un peu.
Soudain la mer s'élève et le ciel est en feu.
Le marquis, l'air troublé, riait de mon martyre,
Mais de ce rire éteint qui ne vous fait pas rire,
Quand un grand flot survint, qui de front nous choqua;
Notre amiral pâlit, et la voix me manqua.
La barque est en suspens, l'air siffle, le mât crie.
Alphonse au gouvernail se jette avec furie,
Repousse le régent, qui, sans voix, sans coup d'œil,
Effaré, nous menait tout droit sur un écueil,
Et, si ce bras sauveur n'eût changé la manœuvre,
Dans les flots avec nous achevait son chef-d'œuvre.
A qui donc se fier, alors qu'un amiral
N'entend pas la marine et gouverne aussi mal.

SASSANE.

Et son altesse?

BÉATRIX.

Oh! rien : une toilette à faire.
Ce soin, que le voyage a rendu nécessaire,
Dans sa maison du golfe, ici près, la retient.

Mais qu'avait le marquis? comprend-on d'où lui vient
Cette galanterie à nos jours si fatale?

SASSANE, à part.

Le sot! il eût noyé son altesse royale,
Pour lui faire sa cour!

BÉATRIX.

J'en ris dans ce moment;
Mais à vous, loin du port, je pensais tristement :
Oui, comte, à chaque flot dont j'étais menacée,
Votre désespoir seul occupait ma pensée.
Il ne me verra plus! qu'il va me regretter!
Disais-je, et que de pleurs ce jour va lui coûter!...
M'auriez-vous survécu, Sassane?

SASSANE.

Moi, comtesse!
O Dieu!

BÉATRIX.

Non? Quoi! vraiment? Voilà de la tendresse!
Et l'on dit qu'à la cour on ne sait pas aimer...
Que sur vos sentimens j'eus tort de m'alarmer!

SASSANE, d'un air piqué.

Un tel aveu me blesse et jusqu'au fond de l'ame.

BÉATRIX.

Mais je n'en doute plus.

ACTE III, SCÈNE II.

SASSANE.

Pourquoi donc pas, madame?
Certes, vous le pouvez.

BÉATRIX.

Ce courroux est charmant;
Et pour me rassurer il vaut mieux qu'un serment.

SASSANE, à part.

Elle a paré le coup.

BÉATRIX.

Dieu! que je suis ravie!
Quand on a cru la perdre, on aime tant la vie!

SASSANE.

Et la vôtre est si douce! A l'abri des chagrins,
Tous vos jours sont à vous; ils sont purs et sereins.
Les miens... O vain éclat! faux biens! grandeurs fragiles!
Les miens sont condamnés au malheur d'être utiles,
Du souffle de l'envie agités dans leur cours,
En proie aux soins amers, aux tourmentes des cours.
Quels destins! ah! comtesse! et ce cœur sans courage
Veut vous associer à leur triste esclavage;
Et je crois rendre heureuse, et je prétends chérir
Celle à qui, pour présent, ma main vient les offrir...
Ah! puissé-je employer la force qui me reste
A détourner de vous cet avenir funeste,
A vaincre le désir dont je suis combattu!

Je le veux, je le dois, j'en aurai la vertu !

BÉATRIX.

Ce combat généreux m'attendrit jusqu'aux larmes,
Et jamais votre amour n'eut pour moi tant de charmes !

SASSANE, à part.

Comment donc la fâcher ?

BÉATRIX.

Je sens mieux, près de vous,
Ce qu'au fort du danger le comte osa pour nous.

SASSANE, à part.

(haut.)

Ah ! voilà le moyen ! Même avant ce service,
On sait qu'en l'admirant vous lui rendiez justice.

BÉATRIX.

Comment !

SASSANE.

Il est trop vrai ; je l'avais soupçonné ;
Et de votre froideur je m'étais étonné.
Non, depuis quelque temps vous n'êtes plus la même.

BÉATRIX.

Moi !

SASSANE, vivement.

Ne m'expliquez point cette réserve extrême ;
Je la comprends, j'eus tort ; et c'est trop présumer
Que de prétendre au cœur qu'un autre a su charmer.

ACTE III, SCÈNE II.

Je ne m'arrête pas au vain motif qu'on donne
A ce retour soudain qui n'abuse personne.
On sait qui s'employa pour le solliciter;
Il revient, il vous sauve : il devait l'emporter.
Il l'emporte en effet : pourquoi vous en défendre?
Vous me faites justice et je dois me la rendre.

BÉATRIX.

Vous! jaloux! se peut-il ! vous m'aimez à ce point!

SASSANE, à part.

Rien ne me réussit : mais ne faiblissons point.

(haut.)

Jaloux! oui, je le suis; je l'étais!... Sans se plaindre
On s'obstine à douter, on souffre à se contraindre.
Le soupçon qu'on veut fuir vous ronge à tous momens;
On se brise le cœur pour cacher ses tourmens;
Mais on se lasse enfin d'un si cruel mystère !

BÉATRIX.

Non, jamais comme vous on n'aima sur la terre!
Quel bonheur!

SASSANE, à part.

C'est vraiment de la fatalité;

(haut avec violence.)

Mais je la fâcherai. Je ne suis pas quitté :
Je brise le premier des nœuds dont on se joue;
Je romps tous mes sermens et je les désavoue :

Mais vous l'avez voulu; mais j'ai trop supporté
Tant de coquetterie et de légèreté!
Qu'un autre soit aimé, j'y consens; que m'importe?
Perfide!... Mais, pardon, je sens que je m'emporte,
Que ce reproche est dur, que j'ai pu prononcer
Quelques mots trop amers pour ne pas vous blesser;
Que ce honteux oubli de toute bienséance
Vient d'attirer sur moi votre juste vengeance,
Que votre dignité vous en fait un devoir,
Et qu'après ce transport je ne dois plus vous voir.

BÉATRIX.

C'est l'amour à son comble! il me touche, il me flatte;
Et si je résistais, je serais trop ingrate.
Je dois par notre hymen couronner cet amour,
Je cède, et c'est à vous d'en fixer l'heureux jour.

SASSANE.

(à part.)   (froidement.)

Impossible... Je sors : je cherchais la princesse...

BÉATRIX, gaiement.

Et pas moi, n'est-ce pas?

SASSANE.

Dites à son altesse,
Si vous le trouvez bon...

BÉATRIX.

Que vous êtes jaloux,

Et que pour vous guérir il faut m'unir à vous!

SASSANE.

Pas un mot de cela, comtesse, je vous prie!

BÉATRIX.

On rirait... Bien vous prend de m'avoir attendrie.
Je dirai : Sa grandeur, madame, a tout quitté
Pour s'informer ici d'une auguste santé.
C'est bien?

SASSANE.

Je vous rends grace, on ne peut pas mieux dire.
(à part.)
Pour rompre, quand on plaît, le meilleur est d'écrire.

SCÈNE III.

BÉATRIX, seule.

C'est qu'il est très jaloux!... Avec un peu de soin,
Si l'on était coquette, on le mènerait loin;
On ne l'est pas; oh! non! Et pourtant quelle gloire :
Traîner une excellence à son char de victoire!
S'amuser des tourmens d'un ministre amoureux,
C'est venger son pays... Non, vous serez heureux,
Monseigneur, on vous plaint, on pardonne au coupable.
Ah! tant que nous l'aimons, qu'un jaloux est aimable!

SCÈNE IV.

POLICASTRO, AURÉLIE, BÉATRIX.

AURÉLIE, au docteur qui la conduit.

Quoi! tous les trois, docteur, et vous me l'assurez?

POLICASTRO.

J'ai su ce grand complot d'un des trois conjurés.

BÉATRIX, courant au-devant de la princesse.

On conspire, madame?

AURÉLIE.

Ah! vous voilà, peureuse!

POLICASTRO, arrêtant la princesse qui fait quelques pas vers Béatrix.

Toute commotion pourrait être fâcheuse;
Doucement...! Quel effroi tout à coup j'éprouvai,
Madame, quand chez moi le comte est arrivé,
Me pressant de partir, éperdu, hors d'haleine,
Tremblant pour votre altesse, et pâle... il faisait peine;
Dans un état...

AURÉLIE, vivement.

Il souffre, et vous l'avez quitté!
Mais courez donc!...

POLICASTRO.

Il est en parfaite santé.

ACTE III, SCÈNE IV.

AURÉLIE.

Le singulier effet d'une terreur profonde!
Quand on a craint pour soi, l'on craint pour tout le monde;
N'est-ce pas, Béatrix, on est faible?

BÉATRIX.

Oui, vraiment.

(au docteur en riant.)

Mais puisque la pâleur est un signe alarmant,
Comment va le marquis?

AURÉLIE.

Votre gaîté m'étonne.
A quelque chose au moins je veux qu'elle soit bonne;
Allez et montrez-vous : que cet air satisfait
Répare un peu le mal que vos récits ont fait.
Consolez nos sujets, et dans la galerie
Rassurez cette foule inquiète, attendrie.
Leur visage, où j'ai lu l'évènement du jour,
Est encor tout défait et presque en deuil de cour.

BÉATRIX.

J'y vais.

AURÉLIE, à Béatrix qui reste.

Eh bien!

BÉATRIX.

Madame a quelque chose à dire?

AURÉLIE.

Oui.

BÉATRIX.

Des secrets d'État?

AURÉLIE, avec douceur.

Laissez-nous.

SCÈNE V.

POLICASTRO, AURÉLIE.

AURÉLIE.

Je respire!
Être seul, être heureux, et n'agir qu'à son goût,
Ces trois points exceptés, quand on règne, on peut tout.

POLICASTRO.

Royale liberté.

AURÉLIE.

Nous sommes tête à tête :
Parlons des prétendans dont j'ai fait la conquête.
De qui le savez-vous?

POLICASTRO.

D'un loyal chevalier;
Aux usages des cours trop franc pour se plier,
Le marquis se repose en mes faibles lumières.

Se défiant un peu de ses graces guerrières,
Sur mon appui, madame, il fonde quelque espoir;
Car à votre docteur il suppose un pouvoir
Que ce docteur n'a pas.

AURÉLIE.

Allons! c'est modestie;
Vous savez le contraire, et je suis avertie
Qu'on dit chez bien des gens que vous me gouvernez.

POLICASTRO.

Qui? moi! bonté du ciel!

AURÉLIE.

Vous vous en étonnez?
Au fond, c'est un peu vrai. Parlez.

POLICASTRO.

Je vous révèle
Cette insurrection d'une espèce nouvelle,
Qui n'irait à rien moins qu'à faire un souverain,
Même trois, si l'un d'eux obtenait votre main.
Car chacun sacrifie une courte régence
A l'espoir plus réel d'en garder la puissance.

AURÉLIE, à part.

Dieu! que l'occasion serait belle à saisir!
Libre... mais quel moyen?... Mon cœur bat de plaisir.

POLICASTRO.

Votre altesse sourit du projet d'alliance?

AURÉLIE, de même.

Je peux... oui, c'est cela !

POLICASTRO.

J'imaginais d'avance
Que le triple serment et l'hymen concerté
Feraient sur votre front naître l'hilarité.
Jamais hommes d'État, si le complot circule,
Ne seront affublés d'un plus beau ridicule.
Aussi le comte Alphonse, avec qui j'ai causé...

AURÉLIE.

Le comte !

POLICASTRO.

Ainsi que vous il s'en est amusé,
Et m'a dit : Si jamais votre noble maîtresse,
D'un sujet, cher docteur, couronne la tendresse,
Je ne présume pas que, pour faire un heureux,
Un tel excès d'honneur tombe sur un d'entre eux.

AURÉLIE.

Le comte a dit cela ! Ma surprise est extrême ;
Il connaît mieux alors mes projets que moi-même.

(à part.)

Pas un, pas même lui ne saura mon secret.

(au docteur, à voix basse.)

Policastro !

POLICASTRO.

Madame !

ACTE III, SCÈNE V.

AURÉLIE.

Il faut être discret.

POLICASTRO.

De ce devoir sacré je fus toujours esclave.

AURÉLIE. (Elle s'assied.)

Approchez, parlons bas; la circonstance est grave.
Décidons de mon sort : sur qui fixer mon choix?

POLICASTRO.

Sur qui? Madame veut...

AURÉLIE.

Couronner un des trois;
C'est décidé : lequel !

POLICASTRO.

Des trois régens?

AURÉLIE.

Sans doute.

POLICASTRO, à part.

Dieu! comment deviner?...

AURÉLIE.

Lequel? je vous écoute.

POLICASTRO.

(à part.)

Je n'hésiterais pas... C'est fort embarrassant.

(haut.)

Mon avis est d'abord qu'en y réfléchissant,

Car il faut réfléchir avant de rien conclure,
Sassane...

AURÉLIE.

Y pensez-vous?

POLICASTRO.

Moi, je pense à l'exclure.

AURÉLIE.

Lui qui pour vingt beautés s'est fait peindre, dit-on!

POLICASTRO.

En habit de ministre, avec son grand cordon.

AURÉLIE.

Et dans ma galerie à s'admirer s'apprête,
Mon sceptre d'or en main, et ma couronne en tête;
Non : mes graves aïeux, je crois, n'y tiendraient pas;
Ce serait trop plaisant.

POLICASTRO.

Ils riraient aux éclats;
Et depuis neuf cents ans qu'ils ont perdu la vie,
Un tel roi pourrait seul leur en donner l'envie.
Détrôné!

AURÉLIE.

Point de grace!

POLICASTRO.

A perpétuité,
Lui, les rois de sa race et leur postérité.

ACTE III, SCÈNE V.

AURÉLIE, après une pause.

Quant au duc d'Albano...

POLICASTRO.

J'y pensais.

AURÉLIE.

Homme utile !

POLICASTRO.

Indispensable.

AURÉLIE.

Esprit en ressources fertile.

POLICASTRO.

Il invente en finance, et ce n'est pas commun.

AURÉLIE.

Qui créa cent projets.

POLICASTRO.

S'il n'en avait fait qu'un,
On dirait : le hasard!... mais...

AURÉLIE.

Fût-ce une manie,

Elle est noble.

POLICASTRO.

C'est vrai ; grands moyens ! beau génie !

AURÉLIE.

Mais de tous les humains c'est le plus ennuyeux !

####### POLICASTRO.

Le grand homme, il est vrai, reçut ce don des cieux;
Il l'était par nature, et les mathématiques
L'ont achevé... Chagrins, vapeurs mélancoliques,
Dégoût de tous les biens, abattement moral,
Voilà ce que l'ennui provoque en général.
Dérobons-lui vos jours dont le soin me regarde;
On peut mourir d'ennui, si l'on n'y prend pas garde.

####### AURÉLIE.

N'y songeons plus, docteur; vos avis sont des lois.

####### POLICASTRO.

C'en est donc fait encor d'une race de rois?

####### AURÉLIE.

Oui, détrônons le duc.

####### POLICASTRO.

Seconde dynastie,
Morte avant que de naître, éteinte, anéantie!

####### AURÉLIE.

Eh bien!

####### POLICASTRO.

Eh bien, madame, entre les candidats,
J'ose le répéter; je n'hésiterais pas.
On n'a pas deux avis : le mien reste le même;
Un d'eux m'avait semblé digne du rang suprême,
Je ne voyais que lui, c'est lui seul que je vois :

Enfin, c'est au marquis que je donne ma voix.
AURÉLIE.
Son grand nom, ses exploits, tout me porte à vous croire.
POLICASTRO.
A votre avénement il vous faut de la gloire.
Dans les vers composés pour un avénement,
Le myrte et le laurier font un effet charmant.
AURÉLIE.
J'en conviens : des lauriers l'éclat toujours magique
Change en amour pour nous la vanité publique.
POLICASTRO.
Ajoutons à cela trois mots de liberté,
Et voilà pour six mois tout un peuple en gaîté...
Puis on gouverne après comme on veut, c'est l'usage.
AURÉLIE.
Et comme on peut, docteur. Mais avec quel courage
Vous m'avez, en ami, dit votre sentiment,
Sans consulter le mien et sans déguisement !
Je ne vous promets rien ; c'est au roi votre maître
A vous récompenser, s'il vient à tout connaître.
(Elle se lève.)
POLICASTRO.
Quand je parlai pour lui, ce fut sans intérêt ;
Je n'avais pas songé même qu'il le saurait...
Dois-je l'en informer ?

AURÉLIE.

Docteur, c'est votre affaire;
Tout ce qui n'est pas fait peut ne se jamais faire.
Ainsi rien en mon nom; parlez de votre part,
Mais après le conseil. (Elle sonne.)

(à un huissier.)

Au palais, sans retard,
Convoquez leurs grandeurs.

POLICASTRO.

Je ne saurais vous taire
Que du conseil privé j'ai vu le secrétaire.
Du trajet maritime il s'est trouvé si mal,
Que son zèle échoûrait contre un procès-verbal.

(avec intention.)

Mais un homme discret remplaçant le malade...

AURÉLIE.

Je trouverai quelqu'un. Quant à votre ambassade,
Attendez le moment; pas un mot jusque-là.

POLICASTRO.

Je vous obéirai.

UN HUISSIER, annonçant.

Le comte d'Avella!

AURÉLIE, à Policastro.

Songez que le marquis, s'il a quelque prudence,
Doit à ses deux rivaux cacher la confidence.

ACTE III, SCÈNE VI.

POLICASTRO, qui sort.

Le marquis! Dieu! quel rêve! à dater de ce jour,
Saluons de plus bas le soleil de la cour.

SCÈNE VI.

AURÉLIE, ALPHONSE.

AURÉLIE, sur le devant de la scène.

Ah! le comte a parlé! Qu'un moment on s'oublie,
Ils se ressemblent tous; réparons ma folie.
Otons-lui tout espoir. Mais le voici!

ALPHONSE.

Pardon!
Je crains d'être importun, et je m'éloigne...

AURÉLIE.

Oh! non;
Je m'occupais de vous.

ALPHONSE.

(à part.)
Est-il vrai? Qu'elle est belle!

AURÉLIE.

C'était là ma pensée; elle est bien naturelle :
Je vous dois tant!

ALPHONSE.

Mon sang n'a point coulé pour vous;
Je cours et je vous sauve; un bonheur aussi doux,
Dont j'aurais de mes jours payé la jouissance,
Peut-il donner des droits à la reconnaissance?

AURÉLIE.

Vous témoigner la mienne est un besoin pour moi :
Comte, publiez-la, je vous en fais la loi.
N'éprouverez-vous pas quelque charme à redire
Ce qu'aujourd'hui pour vous ce sentiment m'inspire?

ALPHONSE.

Il suffit à mon cœur de l'avoir inspiré.

AURÉLIE.

Est-ce un bonheur parfait qu'un bonheur ignoré?
Le soin de votre gloire autant que ma justice
Veut qu'un prix éclatant honore un tel service.

ALPHONSE.

N'en ai-je pas reçu l'inestimable prix?
Je crois voir ce concours de sujet attendris,
Ce tumulte, ces pleurs que vous faisiez répandre.
J'étais là, dans la foule, écoutant sans entendre.
Distrait au sein du bruit sans m'en pouvoir lasser,
A force de sentir, j'oubliais de penser,
Et fier de leurs transports, ému de leur tendresse,
Heureux, je m'enivrais de la publique ivresse.

ACTE III, SCÈNE VI.

A l'aspect de ces traits plus beaux de leur bonté,
Où tous les yeux ardens de ce peuple enchanté,
Fixés comme les miens, venaient dans leur délire
Pour tant de pleurs versés se payer d'un sourire;
A votre nom chéri tant de fois proclamé,
Je sentais seulement qu'il est doux d'être aimé,
Et qu'il est un bonheur ignoré de l'envie
Dont un rapide instant vaut seul toute une vie.

AURÉLIE.

(à part.)

Flatteur!... Ah! l'indiscret! s'il n'avait pas parlé!
(haut.)
Au conseil des régens par mon ordre appelé,
Du secrétaire absent vous remplirez l'office.
Comte, puis-je de vous attendre ce service?

ALPHONSE.

C'est un honneur, madame.

AURÉLIE.

Et vous le méritez.

ALPHONSE.

Heureux si je le prouve!

AURÉLIE.

Entre les qualités
Qu'exige au plus haut point ce grave ministère,
La principale, au reste, est de savoir se taire.

C'est assez, n'est-ce pas?
ALPHONSE.

Madame, je le croi.
AURÉLIE.

D'ailleurs il ne faut voir dans ce nouvel emploi
Qu'un pas vers les honneurs, un rang, une puissance,
Qui doivent de bien loin passer votre espérance.
ALPHONSE.

Ciel !
AURÉLIE.

Répondez d'abord, et parlez franchement :
N'avez-vous dans le cœur aucun engagement?
ALPHONSE.

Aucun, madame, aucun; déjà je viens d'écrire...
AURÉLIE.

Si vous n'étiez pas libre, il faudrait me le dire.
ALPHONSE.

Je le suis.
AURÉLIE.

Car j'avoue avec sincérité
Que j'ai de grands projets sur votre liberté.
ALPHONSE.

Qu'entends-je? elle est à vous : à vos pieds je l'enchaîne.
AURÉLIE.

Peut-être à m'obéir aurez-vous quelque peine?

ACTE III, SCÈNE VI.

ALPHONSE.

O Dieu! non : je le jure.

AURÉLIE, en souriant.

Eh quoi! sans rien savoir!
Attendez.

ALPHONSE.

Oui, j'attends : qui l'aurait pu prévoir?
Suis-je digne? Est-il vrai? Dieu! faut-il que je croie...?

AURÉLIE.

Écoutez.

ALPHONSE.

Oui, j'écoute : ah! la crainte, la joie,
Ce bonheur douloureux dont je suis oppressé,
Il m'étouffe, il éclate, il me rend insensé;
Mon cœur n'y suffit plus.

AURÉLIE.

Arrêtez.

ALPHONSE.

Je m'arrête,
J'écoute, je me tais.

AURÉLIE, à part.

C'est sûr, avec sa tête
Il perdrait tout d'un mot. Allons, c'est pour son bien;
Mais qu'il faut de courage et qu'il m'en coûte!

ALPHONSE.

Eh bien?

AURÉLIE.

Je veux...

ALPHONSE.

Ma raison cède à l'espoir qui l'exalte.
Ah! de grace, achevez.

AURÉLIE.

Vous envoyer à Malte.

ALPHONSE.

A Malte

AURÉLIE.

Vous savez que cette île aujourd'hui
Est contre l'Orient notre plus ferme appui.
Sur le choix de ses chefs mon influence est grande.
Si l'un de mes sujets que son nom recommande,
Qu'illustrent ses exploits, dans leurs rangs est admis,
A son ambition que d'honneurs sont promis!
Quels services alors ne peut-il pas me rendre!
Vous comprenez.

ALPHONSE.

Mais non, je ne saurais comprendre.

AURÉLIE.

Votre noviciat dans cet ordre guerrier
Sera très court...

ACTE III, SCÈNE VI.

ALPHONSE.

Comment !

AURÉLIE.

Sans doute : chevalier...

ALPHONSE.

Moi !

AURÉLIE.

Bientôt commandeur.

ALPHONSE.

Moi, madame !

AURÉLIE.

Et peut-être
Grand-maître un jour.

ALPHONSE.

Pardon !

AURÉLIE.

Oui, vous serez grand-maître.

ALPHONSE.

Permettez ; avant tout il faut faire des vœux.

AURÉLIE.

Aussi vous en ferez : si j'en crois vos aveux,
Libre de tout lien, vous pouvez tout promettre.

ALPHONSE, à part.

De ma confusion j'ai peine à me remettre.

LA PRINCESSE AURÉLIE.

AURÉLIE.

Voyez quels nobles champs à vos exploits ouverts !
Du joug de l'infidèle affranchir nos deux mers,
Ne brûlant sous la croix que d'une chaste ivresse,
Avoir pour maître Dieu, la gloire pour maîtresse;
Rival des Lascaris, des Villiers, des Gozon,
A tant de noms fameux unir un plus grand nom :
Un tel vœu, le passé m'en donne l'assurance,
Quand il est fait par vous, est accompli d'avance.

ALPHONSE.

Mais ce vœu, c'est celui de ne jamais aimer ;
Ne fût-ce qu'un projet, qui l'oserait former ?
N'eût-on à conserver, dans son indifférence,
Que cette liberté qui laisse l'espérance,
Qui donne un charme à tout, permet de tout rêver,
Se peut-il qu'à jamais on veuille s'en priver ?
Qui ? moi ! par un serment funeste, irrévocable,
Du seul bonheur permis faire un bonheur coupable !
Et dois-je m'y résoudre ? et le puis-je ? Et comment
Jurer de l'avenir ?... Je doute du présent.
Il est trop vrai, madame; on s'aveugle soi-même,
On croit qu'on n'aime pas, et cependant...

AURÉLIE.

On aime ?
Vous m'aviez dit, pardon de vous le rappeler,

Qu'à son pays, je crois, on peut tout immoler...
Mais non; n'y songeons plus : ce serment qui vous coûte
Ferait deux malheureux... on vous aime sans doute.
Au reste j'ai parlé ; c'était là mon projet.
Je le ferai connaître; oui, comte, on vous permet
D'en instruire aujourd'hui notre cour qui l'ignore;
Il prouvera du moins combien je vous honore.
Si j'en avais quelque autre...

ALPHONSE.

Ah! qu'il reste inconnu!
De toute ambition me voilà revenu!

AURÉLIE.

C'est ce que nous verrons.

ALPHONSE, à part, en faisant un pas pour sortir.

Après un si doux songe,
Quel réveil!

AURÉLIE, à part.

J'ai pitié du trouble où je le plonge.
Je sens que mon dépit malgré moi désarmé...

(à Alphonse qui revient.)

Comte!... non, rien; plus tard.

ALPHONSE, à part.

Je n'étais pas aimé.

(Il sort.)

SCÈNE VII.

AURÉLIE, seule.

Ah ! quand on est princesse, il faut donc se défendre
D'écouter quelquefois ce qu'on brûle d'entendre !
Mais on doit tout prévoir quand on veut tout oser.
Sur sa discrétion je puis me reposer,
Ou s'il parle il me sert : achevons mon ouvrage.
Tout marche : le docteur portera son message ;
Le conseil va s'ouvrir... Mais quel soudain effroi
Au moment du combat vient s'emparer de moi ?
Comptons nos ennemis : un, deux, trois adversaires ;
Et je suis seule. Allons, point de terreurs vulgaires !
Plus le péril fut grand, plus grand est le vainqueur,
Et s'il trouble un cœur faible, il anime un grand cœur.
Il m'exalte, il m'inspire, et seule je défie
Les finances, la guerre et la diplomatie.
Nous verrons qui de nous, messieurs, l'emportera ;
Vous offrez la bataille : eh bien ! on combattra.
Vos pareils sont enclins à gouverner leurs maîtres :
(aux tableaux de famille qui l'entourent.)
Cela s'est vu souvent... N'est-ce pas, mes ancêtres ?
Un favori sur vous eut souvent du pouvoir.

En ai-je un, par hasard? Je n'en veux rien savoir.
J'aspire à vous venger. Surpris de mon audace,
Je crois voir vos portraits, fiers auteurs de ma race,
La visière baissée et le glaive à la main,
S'élancer des lambris pour m'ouvrir le chemin.
Vous donnez le signal, et j'entre dans la lice.
Que de mes ennemis le plus hardi pâlisse!
Je n'ai qu'un peu de ruse, et cependant je crois
Que cette arme suffit pour conquérir mes droits,
Et qu'avec son secours bien mieux qu'avec vos lances,
Une altesse en champ-clos vaincra trois excellences!

(On baisse le rideau.)

FIN DU TROISIÈME ACTE.

ACTE QUATRIÈME.

Au lever du rideau, le conseil est commencé.

SCÈNE I.

ALPHONSE (à droite de la princesse devant une table; il tient la plume). POLLA, SASSANE, AURÉLIE, ALBANO.

AURÉLIE.

Non; c'est en vous, messieurs, que le pouvoir réside;
Je donne mon avis, mais le vôtre décide.

ALBANO.

Vos avis sont des lois.

POLLA.

Comment leur résister?

SASSANE.

Notre pouvoir se borne à tout exécuter.

AURÉLIE.

Je déciderai donc. Le duc a la parole.

ALBANO. (Il se lève.)

« Nous, régent du trésor...

AURÉLIE.

Passons le protocole,
Expliquez le projet.

POLLA, à qui le duc d'Albano fait un signe, bas à Sassane.

Vous l'appuîrez.

SASSANE.

D'accord.

ALBANO. (Il tient plusieurs papiers qu'il passe à ses collègues à mesure qu'il en parle.)

« Vu que de tous les maux le plus grand est la mort ;
« Et qu'on doit, quand on règne, autant qu'il est possible
« Préserver ses sujets d'un fléau si terrible ;
« Vu la pétition de trois cents habitans
« Que la fièvre à Pæstum affligea de tous temps ;
« Vu les quatre rapports du conseil sanitaire,
« Signés Policastro, docteur du ministère ;
« Considérant de plus que l'État obéré
« Pour assainir Pæstum est par trop arriéré,
« Proposons un emprunt sur trois juifs de Palerme,
« Sauf à régler du prêt et la forme et le terme. »
Qu'on ne m'objecte pas un trésor endetté :
Les dettes du trésor font sa prospérité.
Le crédit comble tout ; et s'il est hors de doute
Que prouver son crédit c'est l'augmenter, j'ajoute
Qu'emprunter à propos est le point important ;

Car le crédit qu'on a se prouve en empruntant.

SASSANE.

Duc, c'est vu de très haut.

POLLA.

      Projet philanthropique !

ALBANO.

Un peu d'humanité sied bien en politique.

ALPHONSE, à part.

Quand elle vous rapporte.

AURÉLIE.

      On doit avec ardeur
Embrasser le projet émis par sa grandeur.
Sauver des malheureux, rendre à des bras utiles
Ces incultes marais qui deviendront fertiles ;
Bien : mais de ces travaux si le terrain produit,
Quelques riches seigneurs auront seuls tout le fruit ;
J'écarte donc l'emprunt. Ces travaux nécessaires
Se feront, mais aux frais des grands propriétaires.
Vous accordez ainsi, par un même décret,
Et l'intérêt de tous et leur propre intérêt.

ALPHONSE, à part.

Mon oncle est pris.

ALBANO.

    Souffrez qu'ici je représente...

SASSANE.

Ah! du raisonnement la force est imposante!

ALBANO, piqué.

Quant à moi, noble comte, il me paraît moins fort.

SASSANE.

Mon honorable ami, vous pourriez avoir tort :
C'est juste.

POLLA.

Assurément.

ALBANO.

Juste, mais arbitraire.

SASSANE.

Et quand cela serait, pourquoi ne le pas faire?

POLLA.

Oui, pourquoi? L'arbitraire est en gouvernement
Ce que la discipline est sur un bâtiment;
Il en faut.

ALBANO.

Non, messieurs.

SASSANE.

Si fait.

ALBANO, s'animant.

Et la patrie!

SASSANE, de même.

Mais le trône!

ALBANO.

Et le peuple!

AURÉLIE.

Ah! messieurs, je vous prie...
Messieurs!... Un point me frappe et va tout accorder :
Sa grandeur aujourd'hui doit encor posséder
Du côté de Pæstum un immense domaine.
A l'avis général ce seul mot la ramène;
Et le décret dès lors est sans doute adopté
Par sa philanthropie et son humanité?

ALBANO.

Je conviens...

AURÉLIE.

J'y comptais.

SASSANE, bas à la princesse.

Admirable, madame!

AURÉLIE, à Alphonse.

Secrétaire, écrivez : Personne ne réclame.

ALBANO, à part.

Mon projet me ruine.

AURÉLIE, à Albano.

Il me sera bien doux
De voir ce décret-là contresigné par vous.

ALBANO, à part.

Chacun d'eux m'a trahi; mais si je règne, il saute.

ALPHONSE, à part.

Malheur aux employés qu'il va trouver en faute!

AURÉLIE.

La parole au marquis.

POLLA, se levant.

Je vais m'y préparer.

SASSANE, bas à Polla.

Du jeune secrétaire il faut nous délivrer.

POLLA, à Sassane.

Soutenez-moi.

SASSANE, bas à Polla.

Parlez.

POLLA.

Mes maximes publiques
Sont d'incliner toujours aux moyens pacifiques :
Et mon soin, du moment qu'un traité s'est rompu,
Fut de pacifier autant que je l'ai pu;
Car tout guerrier, s'il a quelque philosophie,
N'est jamais plus heureux que lorsqu'il pacifie.
Aussi ces précédens donneront quelque poids
Aux belliqueux avis que j'émets cette fois.
Je me lasse des droits que le Croissant exerce.
Votre empire opulent, qui craint pour son commerce,
Est grevé d'un tribut de vingt mille ducats,
Payé par sa marine aux Turcs qui n'en ont pas.

ACTE IV, SCÈNE I.

Réveillons-nous enfin! Trop long-temps débonnaires,
Jusqu'au fond de leurs ports rejetons leurs corsaires.
Un mot de votre altesse, et la flotte qui part
De la Croix dans Tunis arbore l'étendard!
Mais comme il faut un chef à nos forces de terre,
Qui joigne à la vaillance un grand nom militaire,
Le comte d'Avella, sur l'autre continent,
Est seul digne à mes yeux de ce poste éminent.

SASSANE.

D'un tel commandement plus l'honneur est insigne,
Plus il est mérité par le chef qu'on désigne.

ALPHONSE, se levant.

De cet honneur, madame, ah! ne me privez pas!
Contre vos ennemis disposez de mon bras.
Ordonnez que sur eux je venge votre injure,
Et je cours les chercher, j'y vole, et je vous jure
De vaincre, ou sous leurs coups d'expirer sans pâlir:
Et ce vœu-là du moins je pourrai l'accomplir!

AURÉLIE, sévèrement.

Pour soutenir mes droits votre ardeur est trop vive:
Vous n'avez point ici voix délibérative;
Comte, rasseyez-vous.

ALPHONSE, à part.
     Que de sévérité!
Et pour moi seul!

AURÉLIE.

Ce choix sans doute est mérité ;
Mais c'est peu d'un grand nom, d'une illustre vaillance ;
Ménager les soldats est la grande science,
Et rarement, messieurs, une jeune valeur,
Qui prodigue son sang, est avare du leur.
Plaçons donc à leur tête un courage tranquille,
Qui sente le néant de la gloire inutile ;
En qui le long amas des triomphes guerriers
Ait un peu refroidi l'ardeur pour les lauriers.
A des périls certains, nombreux, incalculables,
Opposons des talens qui leur soient comparables.
Un héros les possède, il les rassemble tous ;

(au marquis.)

Je le vois, je le nomme; et ce héros, c'est vous !

POLLA.

Moi !

AURÉLIE.

Vous, marquis. Courez où l'État vous appelle :
Dans vos regards déjà la victoire étincelle.
C'est à vous qu'appartient un triomphe si beau,
Ou l'immortel honneur d'un si noble tombeau !

POLLA.

Mais, madame...

ACTE IV, SCÈNE I.

ALBANO, enchanté.

A ce choix, le seul qu'on devait faire,
L'invincible marquis ne saurait se soustraire.

POLLA.

Le comte cependant...

ALBANO.

Oh! non pas : mon neveu
Exciterait l'envie et mettrait tout en feu.

ALPHONSE.

Mon oncle, par pitié...

ALBANO.

Monsieur le secrétaire,
Réprimez, s'il vous plaît, cette ardeur militaire.

AURÉLIE, avec plus de sévérité.

Dois-je vous le redire?

ALPHONSE.

O ciel!

SASSANE, à part.

En général,
Je vois avec plaisir qu'on le traite assez mal.

POLLA, à Sassane.

Cher comte, parlez donc.

SASSANE.

Que voulez-vous qu'on dise?
Vous-même vous avez proposé l'entreprise :

Vous en aurez la gloire.

ALBANO, à part.

Il est dupe à son tour.

POLLA, à part.

Comptez donc sur leur voix! Mais si je règne un jour!...

AURÉLIE.

Nous revenons, messieurs, au projet d'alliance

(montrant Sassane.)

Dont le comte parlait en ouvrant la séance.
Le prince de Modène a demandé ma main :
Qu'il apprenne par vous que son espoir est vain.
Un peuple à gouverner me suffit, et je n'ose
Me charger du fardeau qu'un double sceptre impose.
Je l'avoûrai pourtant; de ma minorité
La dépendance est longue et pèse à ma fierté.
Prendre un époux, du moins c'est n'avoir plus qu'un maître ;
Mais pour le bien choisir, il faut le mieux connaître.
Par des talens prouvés aux honneurs parvenu,
Un de mes sujets seul peut m'être bien connu,
Et dès long-temps admis aux secrets de l'empire,
Peut inspirer à tous l'estime qu'il m'inspire.
Un d'eux seul doit régner.

ALBANO.

Qu'entends-je?

ACTE IV, SCÈNE I.

POLLA.

Il se pourrait!

SASSANE, à part.

A-t-elle deviné?

ALPHONSE.

Ces mots sont mon arrêt.

AURÉLIE.

Il régnera bientôt, et dans cette journée,
Au plus digne, messieurs, ma main sera donnée.
Cet hymen, que vos soins différaient prudemment,
Veut être consacré par votre assentiment :
Sans doute il le sera. Ma justice royale
Pèsera tous les droits dans sa balance égale;
Et l'on dira : Ce trône où son sujet parvint,
L'équité le donna, le mérite l'obtint.
Ma volonté ce soir une fois approuvée,
Ma cour la connaîtra. La séance est levée.

(elle s'approche d'Albano et lui dit à voix basse.)

Ministre vertueux et désintéressé,
Votre zèle par nous sera récompensé.

(en lui faisant signe de sortir.)

Silence!

ALBANO, qui s'éloigne.

Il serait vrai!

AURÉLIE, bas à Polla.

Guerrier vaillant et sage,
Vous saurez à quel point j'aîme le vrai courage.

(même signe.)

Silence !

POLLA, en sortant.

Quel espoir !

AURÉLIE, bas à Sassane.

Politique profond,
De vos destins futurs le passé vous répond.
Nous voulions vous le dire; oui, comte, et pour le faire,
De ces témoins gênans il fallait nous défaire.
Nous nous verrons ce soir, et nous pourrons loin d'eux
Sur de grands intérêts nous éclairer tous deux.

(haut.)

Ayez soin de vous rendre à cette conférence.

SASSANE.

(à part.)

Oui, madame. O bonheur ! mais j'y comptais.

AURÉLIE, mystérieusement.

Silence !

SCÈNE II.

AURÉLIE, ALPHONSE.

AURÉLIE.

Pourquoi vous éloigner ?

ALPHONSE.

Qu'attendez-vous de moi,
Hors ma démission de mon nouvel emploi ?
Quand on sent qu'on déplaît, il faut qu'on se retire.
Je le fais, je m'éloigne, et j'échappe au martyre
De prouver sans espoir à des yeux prévenus
Un zèle malheureux qui n'est qu'un tort de plus.

(lui présentant un papier.)

Cette démission renferme mon excuse.

AURÉLIE.

Toujours celle qu'on offre est celle qu'on refuse ;

(elle déchire le papier.)

Je ne l'accepte pas.

ALPHONSE.

Ah ! de grace, arrêtez !
Mes efforts n'ont pas su répondre à vos bontés.
Pour tant d'emplois divers je sens mon impuissance :
Militaire d'abord, marin par circonstance,

Secrétaire au conseil, à Malte commandeur...
Madame, au nom du ciel, que suis-je?

AURÉLIE.

Ambassadeur.

ALPHONSE.

Maintenant?

AURÉLIE.

Sans délai, je vous charge de dire...

ALPHONSE. (Il s'approche de la table.)

Veuillez dicter, madame, et je m'en vais écrire :
Je serai sûr alors qu'aucun mot indiscret
D'un reproche nouveau ne me rendra l'objet.

AURÉLIE, l'arrêtant au moment où il prend la plume.

Non; cette défiance est aussi trop modeste;

(à part.)

Parlez : ce qu'on dit passe, et ce qu'on écrit reste.

(haut.)

Je ne puis voir votre oncle...

ALPHONSE.

Eh quoi!

AURÉLIE.

Vous sentez bien
Quels soupçons ferait naître un semblable entretien.
Dites-lui, mais tout bas, mais à lui seul au monde,
Que j'ai pour ses talens une estime profonde.

ACTE IV, SCÈNE II.

ALPHONSE.

Madame, expliquez-vous!

AURÉLIE.

Il n'en est pas besoin,
Et de tout expliquer je vous laisse le soin.

ALPHONSE.

Dieu! mon oncle!

AURÉLIE.

Un seul mot a beaucoup d'éloquence,
Pour qui sait en tirer toute la conséquence.

ALPHONSE.

Il l'emporte! et c'est moi, moi que vous choisissez!

AURÉLIE.

Vous, son neveu, son fils, vous qui le chérissez!

ALPHONSE.

Mais...

AURÉLIE.

Cette mission vous va mieux qu'à personne.

ALPHONSE.

Madame!

AURÉLIE.

Je le veux.

ALPHONSE.

Permettez...

AURÉLIE.

Je l'ordonne.

(Elle sort.)

SCÈNE III.

ALBANO, ALPHONSE.

ALPHONSE.

Tous les coups à la fois m'accablent aujourd'hui :
Mon oncle! et l'on me force... et j'irais... Dieu! c'est lui!

ALBANO.

La princesse te quitte : eh bien! mon cher Alphonse,
Quel est l'heureux mortel pour qui son choix prononce?
Je viens savoir le sens d'un mot qu'elle m'a dit :
Te l'a-t-elle expliqué? tu parais interdit;
Alphonse, mon neveu!

ALPHONSE.

J'en aurai le courage.

ALBANO.

De quoi? je n'en veux pas connaître davantage :
C'est sûr, tout est perdu; je suis...

ALPHONSE.

Vous êtes roi.

ALBANO.
O ciel!
ALPHONSE.
On me l'a dit.
ALBANO.
Qui?
ALPHONSE.
Son altesse.
ALBANO.
Moi?
ALPHONSE.
En termes positifs, du moins j'ai su comprendre;
On me donne à l'instant l'ordre de vous l'apprendre.
ALBANO.
Comment t'a-t-on parlé?
ALPHONSE.
Vos rares qualités...
Vos grands talens... l'estime... enfin vous l'emportez.
ALBANO.
Répète, mon ami.
ALPHONSE.
Votre grandeur l'emporte.
ALBANO.
Encor, mon cher, encor!

LA PRINCESSE AURÉLIE.

ALPHONSE.

Vous savez tout.

ALBANO.

N'importe :
Roi! je suis roi! Ce mot, qu'on aime à s'adresser,
Est de ceux qu'on entend vingt fois sans se lasser.

ALPHONSE, hors de lui.

Fut-on jamais chargé de mission semblable!

ALBANO.

Jamais. C'est doux pour toi, pour moi c'est admirable.
Elle aurait pu choisir un jeune homme : eh bien, non.
Admire comme moi cet effort de raison!

ALPHONSE.

Il me confond, mon oncle.

ALBANO.

Il m'a surpris moi-même,
Moi qui trouve ce choix d'une justice extrême.
Va, ton zèle me touche, et je suis enchanté
De la part que tu prends à ma félicité!
Je cours chez son altesse, où ma reconnaissance...

ALPHONSE, l'arrêtant.

Vous ne la verrez pas.

ALBANO.

Pourquoi?

ACTE IV, SCÈNE III.

ALPHONSE.

Sa défiance
Craint que cet entretien n'éveille les soupçons.

ALBANO.

Mes rivaux! leur aveu!... C'est juste : obéissons.
Mais demain je suis roi; tout va changer de face.
J'élève, je détruis, je place, je déplace;
J'organise, en un mot. Hors ma famille et moi,
Nul ne peut obtenir ou donner un emploi.
Du sort de mes rivaux à la fin je dispose;
Qu'ils tombent. Au conseil, qu'à moi seul je compose,
Sans eux tout est porté, discuté, décrété :
Qui vote seul est sûr de la majorité!
T'imaginerais-tu que ces esprits vulgaires
Allaient jusqu'à se croire à l'État nécessaires?
Mais adieu. Désormais tes destins sont fixés :
Sois heureux.

ALPHONSE.

Je le suis.

ALBANO.

Tu ne l'es pas assez.

ALPHONSE.

Je fais ce que je peux.

ALBANO.

Mais sois donc dans l'ivresse,

Mon neveu ; te voilà neveu de son altesse.

(Il sort.)

SCÈNE IV.

ALPHONSE, seul.

Non, l'enfer n'a jamais conçu pareil tourment !
Moi, de l'ivresse ! moi ! Mais je suis son amant :
Je suis votre rival, aveugle que vous êtes !
Comprenez donc enfin le mal que vous me faites,
Mon dépit, ma fureur... Eh ! non, vous m'ordonnez
D'applaudir aux transports dont vous m'assassinez !...
A qui parlé-je ? où suis-je ? Ah ! mon ame abattue
Ne peut rien opposer à ce choix qui me tue !

(après une pause.)

Pourquoi ? qu'ai-je à prévoir, à craindre, à ménager ?
Je me révolte enfin, et je veux me venger :
Vengeons-nous ! Et comment ? Écrivons ! Et que dire ?
Quand sur moi ma raison a perdu tout empire ;
Quand, trahi par mon cœur, dans le trouble où je suis,
L'aimer et la maudire est tout ce que je puis !

(Il tombe dans un fauteuil.)

SCÈNE V.

BÉATRIX, ALPHONSE.

BÉATRIX, une lettre à la main.

D'un hymen qu'il rejette il ne fut jamais digne;
Sassane! rompre ainsi! ce procédé m'indigne.
Et quelle lettre encor! de motifs aussi vains,
De prétextes si faux colorer ses dédains!
(apercevant Alphonse.)
Ah! cher comte, c'est vous. Dieu! qu'un ami sincère
Quand on n'est pas heureux nous devient nécessaire!

ALPHONSE, la regardant sans l'entendre.

A l'amour qu'on méprise on peut ravir l'espoir,
Mais un tel traitement se peut-il concevoir?

BÉATRIX.

N'est-ce pas? s'abaisser à ce lâche artifice!

ALPHONSE.

Pousser à cet excès la ruse et le caprice!

BÉATRIX.

Dieu! que vous êtes bon! Vraiment, il n'est que lui
Pour entrer à ce point dans les chagrins d'autrui!
Mais par qui saviez-vous...?

ALPHONSE.

Eh quoi?

BÉATRIX.

Qu'on m'abandonne.

ALPHONSE.

Vous! mais la trahison n'a plus rien qui m'étonne;
Je ne vois plus qu'orgueil, intérêt, fausseté;
Et des mœurs de la cour je suis épouvanté.

BÉATRIX.

Seriez-vous donc trahi?

ALPHONSE.

Moi, trahi! moi, comtesse!
Comme vous, plus que vous, avec tant de finesse,
De calcul, de froideur, qu'un pareil abandon
Est sans exemple, horrible, indigne de pardon,
Qu'il me rendrait cruel, et que je prends en haine
Et la ville et la cour, et la nature humaine.
Contre qui nous outrage il faut nous réunir.

BÉATRIX.

Oui!

ALPHONSE.

Pour les désoler.

BÉATRIX.

C'est vrai.

ACTE IV, SCÈNE V.

ALPHONSE.

Pour les punir.

BÉATRIX.

Vous avez bien raison.

ALPHONSE.

Je le veux, je le jure ;
Remettez-moi le soin de venger votre injure.

BÉATRIX.

Me venger !

ALPHONSE.

Je le puis : consentez.

BÉATRIX.

Mais comment?
Quel est votre projet?

ALPHONSE.

Consentez seulement.

BÉATRIX.

D'abord...

ALPHONSE.

Vous m'approuvez, oui: j'ai votre promesse,
Et je cours à l'instant...

SCÈNE VI.

Les précédens, AURÉLIE.

AURÉLIE.

Béatrix?

BÉATRIX.

La princesse!

ALPHONSE.

Ne vous effrayez point : c'est moi qui vais parler;
Je me fais un plaisir de lui tout révéler.

AURÉLIE, à Béatrix.

Eh bien donc, qu'avez-vous?

ALPHONSE, à part.

Que son aspect m'irrite!

BÉATRIX.

Je... j'étais... pardonnez au trouble qui m'agite.

ALPHONSE, passant au milieu.

Souffrez que la comtesse emprunte ici ma voix :
A parler en son nom peut-être j'ai des droits.
Si vous le permettez...

AURÉLIE.

Que voulez-vous m'apprendre?

ALPHONSE.

L'amour depuis long-temps et l'amour le plus tendre
Nous enchaîna tous deux par des sermens sacrés.

BÉATRIX, bas.

Comte !

ALPHONSE.

(bas.) (haut.)

Laissez-moi dire... On nous a séparés ;
De changer dans l'absence on nous croyait capables.
Mais peut-on désunir deux amans véritables?

BÉATRIX, bas.

Quoi !

ALPHONSE.

(bas.) (haut.)

Laissez-moi parler... Non ; toujours plus constans,
Nos feux ont triomphé de l'absence et du temps.
Que deux cœurs éprouvés par tant de sacrifices
Soient au pied de l'autel unis sous vos auspices.
Vous ne sauriez former un nœud mieux assorti,
Plus doux, plus heureux...

BÉATRIX.

Mais...

ALPHONSE.

(haut, à Béatrix.)

Vous avez consenti.

Votre main fut à moi, je la réclame encore
De vous, de son altesse; et ce bien que j'implore,
Qu'un autre a mal connu, qu'il n'a pas mérité,
Doit être enfin le prix de ma fidélité.

(à Aurélie.)

Madame, accordez-moi la faveur que j'espère,
Et l'obtenir de vous me la rendra plus chère.

AURÉLIE, à Béatrix.

Vous donnez votre aveu?

BÉATRIX.

Mon sort est dans vos mains :
J'attends pour obéir vos ordres souverains.

AURÉLIE.

Mes ordres ! quel respect !

BÉATRIX.

Je saurai m'y soumettre.

AURÉLIE.

Le comte, en me quittant, ira vous les transmettre.

(Béatrix sort.)

SCÈNE VII.

AURÉLIE, ALPHONSE.

AURÉLIE.

Vous l'aimez?

ALPHONSE.

Oui, madame, oui, je l'aime, et je vois
Qu'il ne nous est donné d'aimer bien qu'une fois.
Un premier sentiment, quoi qu'on dise et qu'on fasse,
Gravé dans notre cœur jamais ne s'en efface.
Trop ému de ma joie, en rentrant dans les nœuds
De celle à qui d'abord j'avais offert mes vœux,
Je peins mal mes transports; mais comblez notre envie,
Madame, et vous ferez le bonheur de ma vie.

AURÉLIE.

Vous l'aimez?

ALPHONSE.

Et... pourquoi... ne l'aimerais-je pas?
Une autre peut encor réunir plus d'appas,
Un charme plus puissant et plus irrésistible;
Mais la comtesse est belle : elle est bonne et sensible,
M'écoute sans dédain, et n'a pas refusé
L'hommage qu'à sa place une autre eût méprisé.

AURÉLIE.

Je ne combattrai point un projet qui m'étonne ;
Vous recherchez sa main ?... Eh bien, je vous la donne.
Mais avant que ces nœuds soient par moi consacrés,
Écoutez ma demande, et vous y répondrez.
Digne de vos aïeux, dont l'antique vaillance
Vous rapproche du trône autant que la naissance,
Ainsi que de leur rang, vous avez hérité
De leur noble franchise et de leur loyauté.
Au nom de Béatrix, dont le sort m'intéresse,
C'est à leur descendant, à vous, que je m'adresse :
Alphonse d'Avella, l'aimez-vous ?

ALPHONSE.

Mais... je croi...
Je sens... Ah ! quel empire avez-vous pris sur moi ?
Non ! je ne l'aime pas ! je n'aime rien, madame !
Ou plutôt, puisque enfin il faut ouvrir mon ame,
Ma folie est au comble, et j'aime une beauté
Que j'inventais sans croire à sa réalité ;
Qui, mobile à l'excès, indulgente ou sévère,
Charme, irrite à la fois, enchante et désespère.
J'aime un objet qu'en vain je voudrais définir ;
J'aime ce que jamais je ne dois obtenir ;
J'aime qui me dédaigne, et se fait une joie
Des fureurs, des tourmens où mon ame est en proie.

ACTE IV, SCÈNE VII.

J'aime ce que je hais, ce que je dois haïr ;
Vous! vous-même, et je doute en osant me trahir,
Quand je cède à vos pieds au transport qui m'entraîne,
Si je ressens pour vous plus d'amour que de haine.

AURÉLIE.

Qu'avez-vous déclaré? Vous, comte, à mes genoux!

ALPHONSE.

Je me perds, je le sais, mais j'y reste; il m'est doux,
C'est un plaisir amer qui va jusqu'à l'ivresse,
D'oser vous répéter l'aveu de ma tendresse,
De vous dire en dépit du respect, du devoir,
Qu'étouffer cet amour passe votre pouvoir.
Demandez-moi plutôt, vous serez obéie,
D'anéantir mes sens et mon cœur et ma vie;
Oui, ce cœur, mieux vaudrait cent fois l'anéantir
Que de le condamner à ne plus rien sentir.

AURÉLIE.

Alphonse, levez-vous.

ALPHONSE, en se relevant.

Alphonse! ô ciel! Alphonse!...
Ah! madame! ce nom que votre voix prononce,
Votre cœur le dément; mais le charme est détruit,
Je repousse l'appât qui long-temps m'a séduit...
Qu'ai-je dit? Je me trouble, et crains votre présence :
Je fuis, soyez heureuse; une prompte vengeance

Punira l'insensé qui vient de vous braver,
Et la mort est partout pour qui veut la trouver.

AURÉLIE.

Comte!

ALPHONSE, revenant.

Vous me plaindrez. Sans doute on vous adore :
Mais avec cette ardeur, ce feu qui me dévore,
Ce dévoûment de l'ame; avec cet abandon
De mes vœux, de mon sort, de toute ma raison,
Jamais! D'un peuple entier fût-on idolâtrée,
Deux fois à cet excès on n'est pas adorée.

AURÉLIE.

Avant la fin du jour ne quittez point ces lieux.

ALPHONSE.

Où votre hymen m'apprête un spectacle odieux!
Et vous m'imposeriez ce dernier sacrifice!
Non, c'en est trop, je pars, et finis mon supplice.

AURÉLIE.

(à part.)   (à Alphonse.)

Comment le retenir? Osez-vous résister?

ALPHONSE.

Contre un ordre barbare on doit se révolter.

AURÉLIE.

Un sujet le peut-il?

ACTE IV, SCÈNE VII.

ALPHONSE.

Ah! j'ai cessé de l'être.
Je me suis affranchi : je redeviens mon maître.

AURÉLIE.

Ecoutez-moi du moins.

ALPHONSE, qui s'éloigne.

Vos dangereux accens
Auraient pour m'arrêter des charmes trop puissans.

AURÉLIE.

Songez qu'à demeurer j'ai droit de vous contraindre.

ALPHONSE.

Vous!

AURÉLIE.

Craignez...

ALPHONSE.

Je vous perds, je n'ai plus rien à craindre.
Adieu, madame, adieu!

(Il s'élance pour sortir.)

AURÉLIE, appelant.

Duc de Sorrente! à moi!

(Le duc entre avec des gardes.)

Assurez-vous du comte : obéissez.

ALPHONSE.

Eh quoi!
Vous!... Je suis confondu.

AURÉLIE, au duc.

Faites ce que j'ordonne.
Le comte est prisonnier : veillez sur sa personne,
Observez tous ses pas; je le veux, j'ai parlé,
Il suffit.

ALPHONSE.

Je comprends que je sois exilé;
Mais prisonnier d'État? non, cet acte arbitraire
N'est pas digne de vous.

(Il sort avec les gardes.)

AURÉLIE, souriant.

Et pourtant comment faire?
Voyez à quels excès on porte un souverain!
Mais s'il tient à partir, il le pourra demain.

On baisse le rideau.

FIN DU QUATRIÈME ACTE.

ACTE CINQUIÈME.

SCÈNE I.

Un trône élevé de quelques degrés est préparé sur un des côtés de la scène. Les courtisans forment des groupes ou se promènent avec agitation.

LE MARQUIS DE NOCERA, POLICASTRO, LE BARON D'ENNA, LE GRAND-JUGE, COURTISANS.

LE MARQUIS, à Policastro.

Dites-nous s'il est vrai que leur pouvoir expire ;
On ne voit pas pour rien un régent de l'empire
Trois fois en un seul jour

LE BARON.

Et l'on n'a pas pour rien
Avec sa souveraine un si long entretien.

LE GRAND-JUGE.

Non, vous êtes instruit, n'en faites plus mystère :
Nous sommes tous discrets.

POLICASTRO.

Messieurs, je dois me taire.

LE MARQUIS.

Le comte est arrêté.

LE BARON.

C'est presque un coup d'État.
Mais puisqu'il conspirait...

POLICASTRO.

Lui !

LE BARON.

C'est son attentat
Qu'on jugeait au conseil.

POLICASTRO.

Erreur !

LE BARON.

Dans la séance,
Son oncle en l'apprenant a perdu connaissance.

LE MARQUIS.

Vraiment ?

LE BARON.

Et dans ses bras le comte s'est jeté ;
Tout le conseil pleurait !

POLICASTRO.

Mais...

LE BARON.

Mon autorité
Est un homme influent ; et les détails qu'il donne,

ACTE V, SCÈNE I.

Il les tient d'un ami, qui voit une personne
Qui savait, par quelqu'un... C'est clair comme le jour!

POLICASTRO, à part.

Fiez-vous maintenant aux nouvelles de cour!

(haut.)

Sa faute, croyez-moi, n'a rien de politique.
Je suis chargé par lui de cette humble supplique
Auprès de son altesse; et tout peut s'arranger.

LE MARQUIS, à voix basse.

Mais le gouvernement, on dit qu'il va changer.

POLICASTRO.

Nous l'ignorons, messieurs.

LE MARQUIS.

Moi, je crains.

LE BARON.

Moi, j'espère :
J'attends toujours du bien d'un nouveau ministère.

(à Policastro.)

On prétend qu'aux emplois vous êtes appelé?

POLICASTRO, qui se défend à demi.

Pourquoi?

LE MARQUIS.

Que le sénat sera renouvelé?

POLICASTRO.

C'est faux.

LE GRAND-JUGE.

Qu'on doit frapper sur la magistrature?

POLICASTRO.

Frapper! oh! non : quel mot!... Il se peut qu'on épure,
Et c'est bien différent. Mais, messieurs, par pitié...
Il faut que je remplisse un devoir d'amitié...
Cette lettre... Souffrez...

LE MARQUIS, en se retirant.

Vous viendrez à ma fête :
Nous causerons.

LE BARON, de même.

Demain, nous dînons tête à tête.

LE GRAND-JUGE, de même.

A mon concert, docteur, je vous attends ce soir.

(Ils sortent avec les courtisans.)

SCÈNE II.

POLICASTRO, LE MARQUIS DE POLLA.

POLICASTRO.

Ce que c'est qu'un reflet du souverain pouvoir!
Mais voici le marquis; sur son front sans couronne,
D'un monarque en espoir la majesté rayonne.

(à Polla, qui sort des appartemens d'Aurélie.)

La princesse a, je crois, confirmé mon rapport.

POLLA.

Sans me parler de rien; mais nous sommes d'accord.
En dépit des témoins, les regards, le sourire,
Me disaient hautement ce qu'on n'osait pas dire.

(regardant autour de lui.)

Tout est prêt?

POLICASTRO.

Vous voyez cet appareil pompeux
Et ce fauteuil royal.

POLLA.

Un seul!

POLICASTRO.

Et demain deux.
Nous verrons votre altesse...

POLLA, se retournant.

Hein?

POLICASTRO.

J'ai dit votre altesse,
Mais pardon...

POLLA.

Non, docteur, de vous rien ne me blesse.

(s'appuyant sur l'épaule de Policastro.)

Parlez encor, mon cher, sur le ton familier;
C'est un dernier moment où je peux m'oublier.
Vous êtes bien heureux, vous autres; votre sphère

Aux lois de l'étiquette est du moins étrangère.

POLICASTRO.

Tout n'est pas du bonheur dans votre auguste rang.

POLLA.

A la longue, on s'y fait; mais un malheur plus grand,
C'est de dire à des gens gonflés de leur mérite,
Et par qui cependant tout ici périclite,
A des gens qu'on aimait malgré leur nullité :
« Votre pouvoir passait votre capacité,
« Allez-vous-en !... » Voilà le malheur véritable;
Mais pour bien gouverner il faut être équitable :
Ils s'en iront; c'est triste.

POLICASTRO.

Évènement fatal,
Qui fera, monseigneur, un plaisir général.

POLLA, avec hauteur.

Il m'importe fort peu qu'on m'approuve ou me blâme;
Un soldat couronné dit ce qu'il a dans l'ame.

POLICASTRO.

Noble orgueil! loin de vous les détours imposteurs!
Le talent sur le trône est l'effroi des flatteurs.

POLLA.

Je vous nomme baron.

POLICASTRO.

Et j'accepte d'avance.

(à part.)

Ce titre fera bien au bas d'une ordonnance.

POLLA.

Soyez toujours sincère et franc comme aujourd'hui,
Et votre souverain vous promet son appui.

(Il sort.)

SCÈNE III.

POLICASTRO, seul.

La majesté me gagne, et je commande à peine
A l'orgueil qui... Pourtant cette lettre me gêne.
La disgrace est parfois un mal contagieux;
Mais Alphonse est aimable, et pour tromper nos yeux,
Si par hasard... oh! non!... qui sait!... non!... c'est possible,
Et pour être princesse on n'est pas insensible.
Obligeons tout le monde, et courons de ce pas...

SCÈNE IV.

AURÉLIE, POLICASTRO.

POLICASTRO.

Madame!

AURÉLIE.

Auprès de moi ne vous rendiez-vous pas?

Docteur, j'attends quelqu'un.

POLICASTRO.

Permettez que j'arrête
Vos regards bienveillans sur cette humble requête.

AURÉLIE.

De qui?

POLICASTRO, avec intention.

D'un prisonnier sans appui que le mien.

AURÉLIE, qui s'arrête au moment d'ouvrir la lettre, à part.

Il ne l'aurait pas fait s'il ne soupçonnait rien.

(haut.)

Vous êtes bien hardi!

POLICASTRO.

Qui? moi?

AURÉLIE.

Bien téméraire!

POLICASTRO.

Moi!

AURÉLIE.

C'est un parti pris, un jeu, de me déplaire.

POLICASTRO.

Qu'ai-je fait!

AURÉLIE.

De vous seul j'ai toléré long-temps
Les dures vérités que chaque jour j'entends;

Mais c'en est trop : du comte embrasser la défense !
POLICASTRO.

Croyez que j'ignorais...
AURÉLIE.

Excuser son offense !
POLICASTRO.

Je vous proteste...
AURÉLIE.

Ainsi, quel qu'en soit le danger,
Votre esprit inflexible est là pour m'assiéger
De conseils importuns, de graves remontrances,
Pour m'imposer ses lois, ses goûts, ses préférences?
POLICASTRO.

Dieu ! jamais...
AURÉLIE.

Ce matin, sur mon choix consulté,
Vous poussez la raison jusqu'à l'austérité.
Jugeant tout, blâmant tout, frondeur inexorable
De tout ce que l'empire a de plus vénérable.
POLICASTRO.

C'est fait de moi !
AURÉLIE.

Ce soir, au mépris de mes droits,
Contre un de mes arrêts vous élevez la voix.
Sujet audacieux, à la fin je me lasse

De voir que devant vous rien n'ait pu trouver grace.
La cour ne convient pas à cet orgueil altier,
A cette ame d'airain qui ne sait pas plier.
C'est ainsi qu'on se perd : sortez!

UN HUISSIER, annonçant.

Son excellence
Le comte de Sassane.

AURÉLIE, devant Sassane qui vient d'entrer.

Évitez ma présence ;
Reportez ce placet à qui vous l'a remis :
Dans ses projets d'ailleurs je vous crois compromis.

POLICASTRO.

Je jure....

AURÉLIE.

Allez le joindre, et revenez apprendre
Comme on traite à vos yeux qui vous osez défendre.

POLICASTRO, à part.

Le cœur me manque... O ciel! me serais-je attendu
Qu'un jour un trait d'audace à la cour m'eût perdu!

(Il sort.)

SCÈNE V.

AURÉLIE, SASSANE.

SASSANE.

Votre altesse est émue?

AURÉLIE.

Eh! puis-je ne pas l'être?
J'ai droit de m'étonner, de m'indigner peut-être,
Qu'on excuse le comte et qu'il trouve un appui.

SASSANE.

(à part.)

Sans doute on avait tort. Je ne craignais que lui.

AURÉLIE.

Dans peu vous saurez tout. Parlez : votre message
M'a-t-il de leurs grandeurs assuré le suffrage?
L'acte qui par vos soins me rend ma liberté
Est-il prêt?

SASSANE.

J'entrevois quelque difficulté.

AURÉLIE, vivement.

Comment?

SASSANE, à part.

Ne nous livrons qu'avec des garanties.

AURÉLIE, avec froideur.

Je comprends leurs raisons que j'avais pressenties.
(sévèrement.)
J'y cède, et j'attendrai : plus tard je dois régner.

SASSANE.

L'acte est fait.

AURÉLIE.

Eh bien donc?

SASSANE.

Ils ne voudraient signer...
J'en ai le cœur froissé, je souffre à vous le dire,
Mais je me suis rendu, las de les contredire;
Ils ne voudraient signer... C'est bien peu généreux :
Égoïsme tout pur, et j'en rougis pour eux!

AURÉLIE.

Enfin?

SASSANE.

Ils ne voudraient donner leur signature
Qu'à des conditions dont mon respect murmure.

AURÉLIE, avec douceur.

Oui, l'obstacle, je crois, n'est pas venu de vous.

SASSANE.

Madame!

AURÉLIE.

Que veut-on?

ACTE V, SCÈNE V.

SASSANE.

Le nom de votre époux
Doit être au premier rang parmi les noms célèbres.

AURÉLIE.

Celui de vos aïeux se perd dans les ténèbres.

SASSANE.

Hors le nom d'Avella, qu'on ne doit plus citer,
Aucun autre sur lui ne pourrait l'emporter.

AURÉLIE.

C'est accordé : passons.

SASSANE.

En outre l'on désire
Que le nouveau monarque ait servi cet empire,
Soit dans l'armée...

AURÉLIE.

Eh! mais... songez-vous?

SASSANE.

J'ai cédé
A cause du marquis.

AURÉLIE.

C'est adroit; accordé.

SASSANE.

Ou bien...

AURÉLIE.

Parlez sans crainte.

SASSANE.

Ou bien dans les finances.

AURÉLIE.

Ah! le duc pense à lui!

SASSANE.

Vraiment, les convenances
Auraient dû l'arrêter. Mais non : j'en étais sûr ;
Comme je vous l'ai dit, égoïsme tout pur!

AURÉLIE.

Dans ces arrangemens une chose m'étonne ;
C'est qu'on n'ait oublié qu'une seule personne.

SASSANE.

Laquelle?

AURÉLIE.

Je m'entends; finances, convient mal ;
Administration est un mot général,
Qui vaut mieux.

SASSANE.

Qu'on peut mettre.

AURÉLIE.

Un mot qui signifie
Ce qu'on veut : le trésor... et la diplomatie.

SASSANE, vivement.

C'est juste!... J'ai tout dit.

ACTE V, SCÈNE VI.

AURÉLIE.

Et j'ai tout accepté.
Que leur aveu par vous nous soit donc présenté,
S'ils veulent à ce prix le donner l'un et l'autre.
Nous croyons superflu de vous parler du vôtre.

SASSANE, transporté.

Ah! je rends grace...

AURÉLIE.

Eh! non! chacun agit pour soi...
Égoïsme tout pur : comme eux je pense à moi.

SASSANE.

Vous me comblez!...

AURÉLIE.

On vient, et l'on peut nous entendre.

SCÈNE VI.

Les précédens, POLICASTRO, ALPHONSE;
GARDES, qui entrent dans la galerie du fond.

AURÉLIE, à Alphonse.

Du nouveau souverain votre sort va dépendre.

ALPHONSE.

Libre à lui de m'absoudre ou de me condamner;
Madame, désormais rien ne peut m'étonner.

AURÉLIE, sortant.

Attendez son arrêt.

SASSANE, à part.

J'aurai quelque indulgence :
Un jour d'avénement est un jour de clémence.

(Il sort.)

SCÈNE VII.

ALPHONSE, POLICASTRO.

(Ils se regardent un moment sans parler.)

ALPHONSE.

Qu'en dites-vous, docteur?

POLICASTRO.

Muet, déconcerté,
Je suis comme étourdi du coup qu'on m'a porté.
Je ne me sens pas bien.

ALPHONSE.

Je perdais tout pour elle,
Je ne m'en plaignais pas; mais qu'on traite en rebelle,
Qu'on chasse de la cour, sans égard, sans pitié,
Celui dont j'exposai l'héroïque amitié,
Ah! docteur!

POLICASTRO, se ranimant.

C'est ma faute! Après tout que m'importe?

ALPHONSE, lui serrant la main.

Noble cœur!

POLICASTRO.

J'aurai dit quelque vérité forte,
Sans m'en apercevoir.

ALPHONSE.

L'ami qui me vengea
Lui devient odieux.

POLICASTRO.

Elle règne, et déjà
L'aspect d'un homme libre importune sa vue.

ALPHONSE.

Hélas! je l'aimais trop : je l'avais mal connue.

POLICASTRO, avec mystère.

Dieu! quel règne effrayant semble se préparer!

ALPHONSE.

Oui; ce n'est pas sur nous, docteur, qu'il faut pleurer,
C'est sur l'État : les lois, la liberté bannie,
Tous les droits méconnus.

POLICASTRO.

Enfin la tyrannie!
Si d'échapper tous deux nous avons le bonheur,
Car j'en doute, fuyons, en conservant l'honneur...

ALPHONSE.

Cette injuste beauté...

POLICASTRO.

Cette cour mensongère.

ALPHONSE.

Cherchons, pour y mourir, quelque rive étrangère!

POLICASTRO.

Pour y vivre.

ALPHONSE.

Où l'on trouve une ombre d'équité.

POLICASTRO.

Sans doute; où le pouvoir aime la vérité.
Nous irons loin, très loin; mais je dis, je proclame,

(à voix basse.)

Ici j'ose en partant crier... que c'est infame,
Que c'est une injustice, un despotisme affreux...
Chut! on vient : taisons-nous!

SCÈNE VIII.

Les précédens, AURÉLIE, BÉATRIX, SASSANE, ALBANO, POLLA, le baron d'ENNA, le grand-juge, le marquis de NOCERA, le duc de SORRENTE; sénateurs, dames d'honneur, courtisans, gardes.

(Aurélie monte sur le trône; Alphonse et Policastro sont à l'une des extrémités du théâtre, et personne ne leur parle.)

POLICASTRO, à Alphonse.

Comme on nous fuit tous deux!
Quels hommes!

ALPHONSE.

Que d'attraits! ma douleur s'en augmente:
Dites-moi si jamais elle fut plus charmante?

SASSANE.

Tuteurs de son altesse et régens de l'État,
Devant la majesté du trône et du sénat,
Les chefs de la justice et les grands dignitaires,
Par trois démissions libres et volontaires,
Nous déposons tous trois à l'unanimité
Le fardeau qu'à regret nous avions accepté.
Cet acte, revêtu de la forme prescrite,
Transmet à son altesse un pouvoir sans limite,

Et le droit absolu d'élire un souverain,
En donnant à son gré la couronne et sa main.

(il remet l'acte à la princesse.)

Nous jurons au monarque entière obéissance.

AURÉLIE.

Nobles qui m'entourez, promettez-vous d'avance,
Faites-vous le serment de fléchir sous sa loi?

TOUS LES PERSONNAGES, excepté Alphonse.

Oui, nous le jurons tous.

AURÉLIE, se retournant vers Alphonse.

Comte, vous êtes roi.

ALPHONSE.

Se peut-il?

BÉATRIX.

Lui!

LES TROIS RÉGENS.

Le comte!

POLICASTRO.

O bonheur!

ALPHONSE, s'élançant au pied du trône.

La surprise...
La joie... est-il possible?

POLLA, à Aurélie.

Excusez ma franchise;
Mais veuillez consulter l'acte signé par nous.

AURÉLIE.

Je le connais.

ALPHONSE.

O ciel !

AURÉLIE.

Que me demandiez-vous ?

(à Sassane.)

Pouvez-vous contester l'éclat de sa naissance ?

(à Polla.)

N'a-t-il pas dans les camps signalé sa vaillance ?
Marquis, votre suffrage est ici d'un grand poids.
Qui plus que vous tantôt m'a vanté ses exploits ?
Le docteur a soigné sa dernière blessure.

POLICASTRO.

Presque mortelle ! ô Dieu ! c'est ma plus belle cure.

(avec effusion.)

J'ai donc sauvé mon roi !

AURÉLIE, aux régens.

Messieurs, le souvenir
D'un dévoûment si beau vivra dans l'avenir.
Et je veux qu'après vous nos annales fidèles
Aux ministres futurs vous citent pour modèles.

SASSANE, à Aurélie.

Madame, en vous quittant j'avais tout découvert.
Forcé de vous tromper, messieurs, j'en ai souffert ;
Mais d'un si noble choix l'excuse est sans réplique.

(à Béatrix.)

Comtesse, vous voyez dans quel but politique,
A la feinte avec vous contraint de recourir...

BÉATRIX.

Je n'ai pas, monseigneur, de trône à vous offrir.

ALPHONSE, tombant aux pieds de la princesse.

J'en reçois un de vous; mais vous savez, madame,
Si l'éclat des grandeurs avait séduit mon ame.

AURÉLIE.

Alphonse, levez-vous. Prince, je vous remets
Un sceptre que vous seul porterez désormais.
Prenez : c'est sans regret que je vous l'abandonne;
Mais laissez-moi vous dire à quel prix je le donne :
Vous allez commander à des sujets nombreux;
Ne régnez pas pour vous, prince, régnez pour eux;
Cherchez la vérité, fût-elle impitoyable !
Ou faites-vous aimer pour vous la rendre aimable.
Aux lois, reines de tous, soumettez le pouvoir ;
Soyez grand, s'il se peut; juste, c'est un devoir.
Soyez bon : la grandeur y gagne quelque chose.
Régnez donc, et des soins que l'État vous impose,
Quand le bonheur public n'exigera plus rien,
S'il vous reste un moment, vous penserez au mien.

FIN DE LA PRINCESSE AURÉLIE.

NOTE.

On indique ici quelques changemens pour les théâtres de province ; la dernière partie des trois scènes suivantes se dit ainsi à la représentation :

ACTE TROISIÈME.

SCÈNE II.

SASSANE, BÉATRIX.

. . . .
. . . .

SASSANE.

Et la vôtre est si douce ! à l'abri des chagrins,
Tous vos jours sont à vous ; ils sont purs et sereins.
Les miens... funeste éclat ! et ce cœur sans courage
Veut vous associer à leur triste esclavage ;
Et je crois rendre heureuse, et je prétends chérir
Celle à qui pour présent ma main vient les offrir...
Ah ! puissé-je employer la force qui me reste
A détourner de vous cet avenir funeste,
A vaincre le désir dont je suis combattu !
Je le veux, je le dois, j'en aurai la vertu.

BÉATRIX.

Ce combat généreux m'attendrit jusqu'aux larmes,
Et jamais votre amour n'eut pour moi tant de charmes !

SASSANE, à part.

Comment donc la fâcher ?

BÉATRIX.

Je sens mieux, près de vous,
Ce qu'au fort du danger le comte osa pour nous.

SASSANE.

(à part.)   (haut.)

Ah ! voilà le moyen ! Même avant ce service,

On sait qu'en l'admirant, vous lui rendiez justice.
BÉATRIX.

Comment!

SASSANE.

Il est trop vrai, je l'avais soupçonné;
Et de votre froideur je m'étais étonné.
Non, depuis quelque temps vous n'êtes plus la même.

BÉATRIX.

Moi!

SASSANE, vivement.

Ne m'expliquez point cette réserve extrême;
Je la comprends, j'eus tort; et c'est trop présumer
Que de prétendre au cœur qu'un autre a su charmer.
Je ne m'arrête pas au vain motif qu'on donne
A ce retour soudain qui n'abuse personne.
On sait qui s'employa pour le solliciter :
Il revient, il vous sauve; il devait l'emporter;
Il l'emporte en effet : pourquoi vous en défendre?
Vous me faites justice, et je dois me la rendre.

BÉATRIX.

Vous, jaloux! se peut-il? vous m'aimez à ce point!

SASSANE, à part.

Rien ne me réussit : mais ne faiblissons point.
(haut.)
Jaloux! oui, je le suis; je l'étais!... Sans se plaindre,
On s'obstine à douter, on souffre à se contraindre.
Le soupçon qu'on veut fuir vous ronge à tous momens,
On se brise le cœur pour cacher ses tourmens;
Mais on se lasse enfin d'un si cruel mystère!

BÉATRIX.

Non, jamais comme vous on n'aima sur la terre!
Quel bonheur!

SASSANE, à part.

C'est vraiment de la fatalité;
(haut, avec violence.)
Mais je la fâcherai. Je ne suis pas quitté;
Je brise le premier des nœuds dont on se joue :
Je romps tous mes sermens, et je les désavoue;
Mais vous l'avez voulu; mais j'ai trop supporté
Tant de coquetterie et de légèreté!

BÉATRIX.

C'est l'amour à son comble, il me touche, il me flatte;
Et si je résistais, je serais trop ingrate.

Je dois par notre hymen couronner cet amour,
Je cède, et c'est à vous d'en fixer l'heureux jour.

SASSANE.

(à part.)　　(froidement.)

Impossible!.. Je sors : je cherchais la princesse...

BÉATRIX gaîment.

Et pas moi, n'est-ce pas ?

SASSANE.

Dites à son altesse,
Si vous le trouvez bon...

BÉATRIX.

Que vous êtes jaloux!
Et que pour vous guérir il faut m'unir à vous!

SASSANE.

Pas un mot de cela, comtesse, je vous prie!

BÉATRIX.

On rirait... Bien vous prend de m'avoir attendrie.
Je dirai : Sa grandeur, madame, a tout quitté
Pour s'informer ici d'une auguste santé.
C'est bien !

SASSANE.

Je vous rends grâce, on ne peut pas mieux dire.

(à part.)

Pour rompre, quand on plaît, le meilleur est d'écrire.

(Il sort.)

ACTE QUATRIÈME.

SCÈNE VII.

AURÉLIE, ALPHONSE.

. . . .
. . . .

ALPHONSE.

Je me perds, je le sais ; mais j'y reste, il m'est doux,
C'est un plaisir amer qui va jusqu'à l'ivresse,
D'oser vous répéter l'aveu de ma tendresse,
De vous dire en dépit du respect, du devoir,
Qu'étouffer cet amour passe votre pouvoir.
Demandez-moi plutôt, vous serez obéie,
D'anéantir mes sens et mon cœur et ma vie;

Oui, ce cœur, mieux vaudrait cent fois l'anéantir
Que de le condamner à ne plus rien sentir.
(Il se lève.)
Je pars... Vous me plaindrez; sans doute on vous adore!
Mais avec cette ardeur, ce feu qui me dévore,
Ce dévoûment de l'ame, avec cet abandon
De mes vœux, de mon sort, de toute ma raison,
Jamais! D'un peuple entier fût-on idolâtrée,
Deux fois à cet excès on n'est pas adorée.

AURÉLIE.

Avant la fin du jour ne quittez point ces lieux.

ALPHONSE.

Où votre hymen m'apprête un spectacle odieux!
Et vous m'imposeriez ce dernier sacrifice!
Non, c'en est trop, je pars, et finis mon supplice.

AURÉLIE.

(à part.)   (à Alphonse.)

Comment le retenir? Osez-vous résister?

ALPHONSE.

Contre un ordre barbare on doit se révolter.

AURÉLIE.

Songez qu'à demeurer j'ai droit de vous contraindre.

ALPHONSE, qui s'éloigne.

Vous!

AURÉLIE.

Craignez...

ALPHONSE.

Je vous perds, je n'ai plus rien à craindre.
Adieu, madame, adieu!

(Il s'élance pour sortir.)

AURÉLIE, appelant.

Duc de Sorrente! à moi!

(Le duc entre avec des gardes.)

Assurez-vous du comte: obéissez.

ALPHONSE.

Eh quoi!

Vous!... je suis confondu.

AURÉLIE, au duc.

Faites ce que j'ordonne.
Le comte est prisonnier: veillez sur sa personne,
Observez tous ses pas, je le veux, j'ai parlé,
Il suffit.

NOTE.

ALPHONSE.

Je comprends que je sois exilé ;
Mais prisonnier d'état !... non, cet acte arbitraire
N'est pas digne de vous.

(Il sort avec les gardes.)

AURÉLIE, souriant.

Et pourtant comment faire ?
Voyez à quels excès on porte un souverain !
Mais s'il tient à partir, il le pourra demain.

(On baisse le rideau.)

ACTE CINQUIÈME.

SCÈNE VII.

. . . .
. . . .

POLICASTRO.

Presque mortelle ! ô Dieu ! c'est ma plus belle cure.
J'ai donc sauvé mon roi !

AURÉLIE, à Alphonse.

Prince, je vous remets
Un sceptre que vous seul porterez désormais.
Prenez : c'est sans regret que je vous l'abandonne ;
Mais laissez-moi vous dire à quel prix je le donne.
Vous allez commander à des sujets nombreux ;
Ne régnez pas pour vous, prince, régnez pour eux.
Cherchez la vérité, fût-elle impitoyable !
Ou faites-vous aimer pour vous la rendre aimable.
Aux lois, reines de tous, soumettez le pouvoir ;
Soyez grand, s'il se peut ; juste, c'est un devoir.
Soyez bon : la grandeur y gagne quelque chose.
Régnez donc, et des soins que l'État vous impose,
Quand le bonheur public n'exigera plus rien,
S'il vous reste un moment, vous penserez au mien.

EXAMEN CRITIQUE

DE LA

PRINCESSE AURÉLIE.

De tous les ouvrages dramatiques de M. C. Delavigne, *la Princesse Aurélie* est celui qui a obtenu le moins de représentations ; ce qui ne veut pas dire qu'il ait eu à la représentation moins de succès que les autres, mais seulement que le succès a été moins soutenu, moins retentissant de vogue, moins brillant d'affluence, qu'il a trouvé moins de défenseurs dans ce grand nombre d'écrivains qui se constituent du jour au jour les distributeurs de la renommée littéraire et de la gloire théâtrale. Si le mérite d'une comédie dépendait des jugemens portés sur sa première représentation, de la foule plus ou moins nombreuse qui se presse aux représentations suivantes ; si le temps et la réflexion ne faisaient pas justice de ces arrêts précipités et enlevés à la légèreté rapide d'une composition de quelques heures, ainsi qu'à l'influence inévitable des souvenirs de la veille, il y aurait plus d'un siècle et demi que *le Misanthrope* et *Britannicus* seraient bannis de la scène française. Il suffirait de rappeler, ce qui n'aura pas échappé dans son temps au sieur de Visé, que le chef-d'œuvre de Racine ne fut, dans sa nouveauté, représenté que trois fois, et que celui de Molière ne se soutint qu'à l'aide du bâton dont Sganarelle corrige avec délices les reproches de son impertinente moitié.

Qu'arrive-t-il ? Le temps marche, emportant avec lui les critiques éphémères. Ce qui est bon est bon et reste bon. Les imperfections, les fautes graves elles-mêmes passent par le crible du vieux Saturne, ou, comme la lie d'un vin généreux, tombent au fond du vase; ce qui survit, ce qui surnage, n'en paraît que plus pur, plus naturel et plus énergique. Telle est la condition de toutes les choses d'ici-bas. Dans le domaine de la matière comme dans celui de l'intelligence, il n'existe rien d'absolument parfait, rien sans mélange. On a reproché, non sans quelque raison, à *Tartufe*, l'invraisemblance fondamentale d'une donation que la présence de deux héritiers directs frappe de nullité; au *Misanthrope*, le vide, ou, si l'on veut, la faiblesse de l'action; à *Cinna*, la mobilité du caractère principal et le démenti qui donne à l'exaltation de sa rage primitive *l'adorable Furie*; à la tragédie de *Phèdre*, le sacrifice fait à un seul personnage de tous les personnages de la pièce; à *Andromaque*, un intérêt double et divergent. Que n'a-t-on pas dit et de la marche languissante d'*Esther*, et de la note fortement entachée de jésuitisme, communiquée au nom du grand-prêtre Joad à la vieille Athalie? Toutes ces critiques peuvent être fondées; pour le moment, je ne le sais ni ne m'en soucie. S'il me prend jamais fantaisie de les réfuter, peut-être la tâche serait moins glorieuse que facile; mais enfin, ces critiques existent; elles ont cours; elles ont occupé des esprits éclairés, mais prévenus, qui n'ont cessé de combattre, au profit de réputations naissantes, contre des réputations affermies par l'admiration de vingt siècles. Hé bien! admettez la légitimité de ces critiques; donnez le bon droit à ces censeurs *désintéressés* de nos immortelles productions. Faites plus large encore, si vous l'osez, la part des défauts! ne voyez-vous pas que deux scènes de Molière, deux scènes de *Phèdre*, le récit de *Cinna*, le monologue d'Auguste, rachètent avec une usure judaïque toutes ces faiblesses sur la concession desquelles je me réserverais au besoin le droit de revenir, pour raison de lésion énorme.

Qu'est-ce à dire? moi, admirateur passionné des maîtres de la scène française, je mets donc *la Princesse Aurélie* dans la même classe, je l'élève à la même hauteur que les chefs-d'œuvre dramatiques des deux derniers siècles ! Ce n'est point là mon raisonnement ; mais je connais bon nombre de jeunes logiciens qui seraient de force à me le prêter : je vais nettement expliquer ma pensée.

Comparer n'est pas égaler. Des objets multiples, quoique d'un mérite différent, soutiennent le parallèle, et ne supposent pas néanmoins l'égalité. Quand l'inégalité est trop forte, quand il s'agit, par exemple, de la *Phèdre* de Racine et de la *Phèdre* de Pradon, l'idée seule d'un rapprochement entre les deux pièces est une niaiserie. Mais si, à quelque distance qu'il en soit placé, l'ouvrage dramatique que l'on met à côté de plusieurs autres se recommande par l'élégante correction du style, par l'harmonie poétique du vers, par une intrigue à la fois forte dans sa trame, et délicate par la finesse des fils dont elle est tissue ; si les caractères en sont variés et supérieurement soutenus ; si les incidens dont elle est semée ne laissent entrevoir qu'à l'œil exercé du connaisseur un dénouement frappant de surprise et de soudaineté, n'y aurait-il pas, surtout à notre époque, injustice et dureté à lui refuser le droit dont ont joui les plus illustres prédécesseurs du poète moderne, d'en appeler de la représentation à la lecture, et de réclamer comme eux, à défaut de la sentence impartiale du théâtre, l'arrêt définitif de la lampe et du cabinet ?

C'est là en effet que doit se ramener toute la question. La lecture sera-t-elle plus favorable à *la Princesse Aurélie* que ne l'a été la représentation? L'affirmative ne me paraît pas douteuse.

La donnée, ou pour parler français (clause de rigueur quand on rend compte d'un ouvrage de M. C. Delavigne), l'idée principale est spirituelle et piquante. Tromper un vieux tuteur qui veut épouser sans amour la fortune d'une jeune et belle pupille, chose vulgaire et facile! Toutes les Agnès, les Marianne, les Rosine, ont ouvert la voie à ces artifices comiques, et en ont enseigné les chemins; il n'y a plus rien à faire sur nos théâtres pour de nouveaux Arnolphe, de nouveaux Harpagon, de nouveaux Bartholo. Mais qu'une jeune princesse, qui ne donnera sa main qu'avec une couronne, qu'Aurélie, placée sous la vigilance rivale et jalouse de trois tuteurs ambitieux, dont chacun aspire à arriver par la possession de la souveraine à la possession de la souveraineté; que cette femme qui n'a d'autre expérience que celle d'un amour secret qu'elle dissimule avec soin, et le sentiment d'une indépendance qu'elle ne sacrifiera qu'à l'objet aimé; que cette femme, dis-je, vienne à bout de tromper tour à tour, et de tromper les uns par les autres, trois hommes, madrés politiques, trois hommes consommés dans les manéges de la diplomatie, et exercés dans toutes les pratiques d'un gouvernement italien : voilà certes une conception tellement originale, que, sans l'art avec lequel elle est exécutée, elle serait justement taxée d'invraisemblance, et reléguée dans la classe de ces romans en dialogues qui depuis quelques années ont si tristement remplacé sur notre beau théâtre la peinture des mœurs, ou le développement des caractères historiques.

Eh bien! cette charmante mystification n'est pas au fond ce qui amuse le plus dans l'ouvrage; il en est une autre que je préfère; et j'ai trouvé plusieurs bonnes têtes de mon avis : c'est celle qui a l'air de prendre pour victime le beau, l'intrépide, le jeune comte d'Avella, l'amant impétueux de la princesse, dont il est adoré, et qui semble, pendant toute la pièce, l'objet privilégié de ses rigueurs et de ses injustices. Rien n'est plus plaisant que la situation désespérante de ce pauvre d'Avella, qui a été banni, que l'on rappelle pour lui demander un compte sévère de son administration, et dont enfin, par un acte inouï de clémence souveraine, on veut bien faire un chevalier de Malte, avec la perspective assurée (car il faut tout dire) de la grand'maîtrise de l'ordre. D'Avella chevalier de Malte! Comme le vœu d'un célibat perpétuel ferait bien les affaires de l'amant et surtout celles de la maîtresse! Cependant on peut exprimer en très beaux vers le contraire de ce que l'on pense et de ce que l'on désire. Je ne résiste pas au plaisir de citer ce court chef-d'œuvre de duplicité féminine :

> Voyez quels nobles champs[1] à vos exploits ouverts!
> Du joug de l'infidèle affranchir nos deux mers,
> Ne brûlant sous la croix que d'une chaste ivresse
> Avoir pour maître Dieu, la gloire pour maîtresse ;
> Rival des Lascaris, des Villiers, des Gozon,
> A tant de noms fameux unir un plus grand nom ;
> Un tel vœu, le passé m'en donne l'assurance,
> Quand il est fait par vous, est accompli d'avance.

Toutes les actions, tous les discours de la princesse tendent, on le devine sans peine, à éloigner le soupçon de son amour et l'idée de l'élévation prochaine du comte d'Avella. Les trois ministres, dont le consentement unanime est indispensable pour autoriser le mariage d'Aurélie, amadoués par elle, et flattés, chacun à part, d'un plein succès, ac-

---

[1] Le besoin de la rime a probablement amené le pluriel, qui, en prose, manquerait d'exactitude :

> Je vous fermais le champ où vous voulez courir.
> RACINE.

> Et donner un champ libre à ses témérités.
> MOLIÈRE.

Je crois qu'il serait difficile de trouver un second exemple du pluriel employé ici par M. Casimir Delavigne ; c'est une faute légère qu'on ne relève qu'à raison de l'autorité littéraire de celui à qui elle est échappée.

cordent une adhésion qui, d'après l'infaillibilité de leurs calculs, ne peut tourner qu'à leur avantage personnel. Le conseil est assemblé ; Aurélie monte sur son trône; elle est entourée de tous les ministres, de tous les grands de l'État. Alphonse d'Avella, relégué dans un coin où personne ne s'aperçoit de sa présence, regarde avec une douloureuse résignation la solennité qui va lui enlever pour jamais la femme qu'il aurait épousée sous la bure, avec laquelle il aurait vécu fortuné dans une chaumière. Nobles qui m'entourez, dit Aurélie ;

> Nobles qui m'entourez, promettez-vous d'avance,
> Faites-vous le serment de fléchir sous sa loi?
> — Oui, nous le jurons tous. — Comte, vous êtes roi.

C'est, jusque là, le dénouement de *Sémiramis*, avec une forme semblable et à peu près les mêmes expressions. La différence est celle qui sépare une union très légitime, très raisonnable, d'une alliance incestueuse et dénaturée. Aussi, au lieu du bruit du tonnerre, de la lueur des éclairs, de toute cette pompe céleste ou diabolique qui, dans la tragédie de Voltaire, vient apporter un obstacle dirimant à un mariage impossible, on n'entend, dans la comédie de M. Delavigne, que les acclamations unanimes d'une cour qui applaudit à un nœud aussi bien assorti, et à peine peut-on distinguer dans ce

DE LA PRINCESSE AURÉLIE. 175

concert de félicitations bruyantes, les murmures étouffés des trois vieux ministres. Ces messieurs voient bien qu'en renonçant au trône, il leur faudra, pour comble de misère, résigner encore leurs trois beaux, leurs trois utiles portefeuilles.

Dans une comédie dont la scène se passe à Salerne, un médecin est un personnage obligé. Policastro, médecin de la cour, est à son poste; il égaie, par la généralité de sa complaisance obséquieuse, ce qu'il y a de grave dans le sujet; on rit de la naïveté de son érudition, et de ses fanfaronnades médicales, comme du désappointement des trois ministres.

Avec le trône et la main de la princesse, Alphonse reçoit en cadeau de noces les conseils suivans que l'on ne peut trop répéter. Les vers ne sont pas de la même fabrique que ceux du traducteur de l'*Ecole de Salerne*.

>   Alphonse, levez-vous. Prince, je vous remets
>   Un sceptre que vous seul porterez désormais.
>   Prenez : c'est sans regret que je vous l'abandonne;
>   Mais laissez-moi vous dire à quel prix je le donne.
>   Vous allez commander à des sujets nombreux;
>   Ne régnez pas pour vous, prince, régnez pour eux.
>   Cherchez la vérité, fût-elle impitoyable!
>   Ou faites-vous aimer pour vous la rendre aimable.
>   Aux lois, reines de tous, soumettez le pouvoir.
>   Soyez grand, s'il se peut; juste, c'est un devoir.
>   Soyez bon : la grandeur y gagne quelque chose.

> Régnez donc ; et des soins que l'État vous impose,
> Quand le bonheur public n'exigera plus rien,
> S'il vous reste un moment, vous penserez au mien.

On lira avec un vif plaisir, souvent avec un sentiment vrai d'admiration, *la Princesse Aurélie*. Quand le Théâtre-Français, qui s'occupe, dit-on, de sa régénération, aura atteint son but, je veux dire, quand il sera revenu au bon sens, au naturel et à la poésie, il remettra *la Princesse Aurélie* ; et le public, préparé par la lecture, se portera en foule à la représentation d'un ouvrage d'autant plus agréable pour lui, qu'il en aura été plus long-temps et plus injustement privé.

MARINO FALIERO,

TRAGÉDIE EN CINQ ACTES,

REPRÉSENTÉE POUR LA PREMIÈRE FOIS A PARIS, SUR LE THÉATRE DE LA PORTE-SAINT-MARTIN, LE 30 MAI 1829.

On a expliqué diversement les motifs qui m'ont déterminé à transporter cet ouvrage de la Comédie-Française au théâtre de la Porte-Saint-Martin. Il en est qui me sont personnels, et dont je crois inutile d'entretenir le public: je ne traiterai ici qu'une question générale.

J'ai conçu l'espérance d'ouvrir une voie nouvelle, où les auteurs qui suivront mon exemple pourront désormais marcher avec plus de hardiesse et de liberté, où des acteurs dont le talent n'avait pas l'occasion de se produire, pourront s'exercer dans un genre plus élevé. Le public a semblé comprendre les conséquences que devait avoir dans l'intérêt de tous cette tentative, et j'en attribue le succès à ses dispositions bienveillantes.

Deux systèmes partagent la littérature. Dans lequel des deux cet ouvrage a-t-il été composé? c'est ce que je ne déciderai pas, et ce qui d'ailleurs me paraît être de peu d'importance. La raison la plus vulgaire veut aujourd'hui de la tolérance en tout; pourquoi nos plaisirs seraient-ils seuls exclus de cette loi commune? L'histoire contemporaine a été féconde en leçons; le public y a puisé de nouveaux besoins : on doit beaucoup oser si l'on veut les satisfaire. L'audace ne me manquera point pour remplir autant qu'il est en moi cette tâche difficile. Plein de respect pour les maîtres qui ont illustré notre scène par tant de chefs-d'œuvre, je regarde comme un dépôt sacré cette langue belle et flexible qu'ils nous ont léguée. Dans le reste, tous ont innové; tous, selon les mœurs, les besoins et le mouvement de leur siècle, ont suivi des routes différentes qui les conduisaient au même but. C'est en quelque sorte les imiter encore que de chercher à ne pas leur ressembler, et peut-être la plus grande preuve, l'hommage le mieux senti de notre admiration pour de tels hommes est ce désespoir même de faire aussi bien, qui nous force à faire autrement.

J'ai toujours livré mes ouvrages au public sans les défendre : je n'ai pas pris parti contre mes juges. J'aurais mauvaise grâce à le faire aujourd'hui, où une bienveillance presque générale est venue adoucir pour moi ce que la critique pouvait avoir de sévère. Je ne combattrai qu'une seule assertion. On a dit que mon ouvrage était une traduction de la tragédie de lord Byron. Ce reproche est injuste. J'ai dû me rencontrer avec lui dans quelques scènes données par l'histoire; mais la marche de l'action, les ressorts qui la conduisent et la soutiennent, le développement des caractères et des passions qui la modifient et l'animent, tout est différent. Si je n'ai pas hésité à m'approprier plusieurs des inspirations d'un poète que j'admire autant que personne, plus souvent aussi je me suis mis en opposition avec lui pour rester moi-même. Ai-je eu tort ou raison? Que le lecteur compare et prononce.

Il m'est doux de témoigner ma reconnaissance à M. le directeur du théâtre de la Porte-Saint-Martin. Aucun sacrifice ne lui a coûté pour donner à la représentation de *Marino Faliero* une pompe qu'on trouverait difficilement ailleurs. La mise en scène, cette partie de l'action théâtrale trop négligée jusqu'ici, et qui contribue si puissamment à l'illusion, a été dirigée avec un goût qu'on ne saurait trop louer. Les acteurs ont rivalisé de talent et de zèle, et l'on peut fonder sur eux les plus justes espérances. Maintenant qu'une nouvelle scène est ouverte, je fais des vœux ardens pour qu'on y voie éclore des productions tout à la fois nobles et originales, qui ajoutent encore à l'éclat du bel art que nous ont transmis Sophocle et Shakspeare, Corneille et Schiller.

PERSONNAGES.

MARINO FALIERO, doge.
LIONI, patricien, un des Dix.
FERNANDO, neveu du doge.
STÉNO, jeune patricien, un des Quarante.
ISRAEL BERTUCCIO, chef de l'arsenal.
BERTRAM, sculpteur.
BENETINDE, chef des Dix.
PIETRO, gondolier.
STROZZI, condottiere.
VEREZZA, affidé du conseil des Dix.
VICENZO, officier du palais ducal.
ÉLÉNA, femme du doge.
LES DIX, LA JUNTE, LES SEIGNEURS DE LA NUIT, GONDOLIERS, CONDOTTIERI, GARDES, PERSONNAGES PARÉS ET MASQUÉS.

La scène est à Venise, en 1355.

MARINO FALIERO

MARINO FALIERO,

TRAGÉDIE.

ACTE PREMIER.

L'appartement du doge.

SCÈNE I.

ÉLÉNA. (Elle est assise et brode une écharpe.)

Une écharpe de deuil, sans chiffre, sans devise!
Hélas, triste présent! mais je l'avais promise,
Je devais l'achever... Vaincu par ses remords,
Du moins après ma faute il a quitté nos bords;
Il recevra ce prix de l'exil qu'il s'impose.
(elle se lève et s'approche de la fenêtre.)
Le beau jour! que la mer où mon œil se repose,
Que le ciel radieux brillent d'un éclat pur,
Et que Venise est belle entre leur double azur!

Lui seul ne verra plus nos lagunes chéries.
Il n'est qu'une Venise! on n'a pas deux patries!
Je pleure... oui, Fernando, sur mon crime et le tien.
Pourquoi pleurer? j'ai tort : les pleurs n'effacent rien.
Mon bon, mon noble époux aime à me voir sourire;
Eh bien! soyons heureuse, il le faut... Je veux lire,

(elle s'assied et ouvre un livre.)

Le Dante, mon poète! essayons... je ne puis.
Nous le lisions tous deux : je n'ai pas lu depuis.

(elle reprend le livre qu'elle avait fermé.)

Ses beaux vers calmeront le trouble qui m'agite.

« C'est par moi qu'on descend au séjour des douleurs;
« C'est par moi qu'on descend dans la cité des pleurs;
« C'est par moi qu'on descend chez la race proscrite.

« Le bras du Dieu vengeur posa mes fondemens;
« La seule éternité précéda ma naissance,
« Et comme elle à jamais je dois survivre au temps:
   « Entrez, maudits, plus d'espérance! »

Quel avenir, ô ciel, veux-tu me révéler?
Je tremble : est-ce pour moi que ces vers font parler
La porte de l'abîme, où Dieu dans sa colère
Plonge l'amant coupable et l'épouse adultère?
Où suis-je, et qu'ai-je vu? Fernando!

SCÈNE II.

ÉLÉNA, FERNANDO.

FERNANDO.

Demeurez !
Le doge suit mes pas ; c'est lui que vous fuirez.
Près de vous, Éléna, son neveu doit l'attendre.

ÉLÉNA.

Vous ne me direz rien que je ne puisse entendre,
Fernando, je demeure.

FERNANDO.

Eh quoi ! vous détournez
Vos yeux qu'à me revoir j'ai trop tôt condamnés !
Quel prix d'un an d'absence où j'ai langui loin d'elle !

ÉLÉNA.

Cette absence d'un an devait être éternelle ;
Mais j'ai donné l'exemple, et ce n'est plus de moi
Qu'un autre peut apprendre à respecter sa foi.

FERNANDO.

Que vous reprochez-vous ? n'accusez que moi-même.
Vos remords sont les miens près d'un vieillard qui m'aime.
Je me contrains pour lui, que la douleur tûrait,
Pour vous, que son trépas au tombeau conduirait.

Mais tout à l'heure encore quelle angoisse mortelle
Me causait de ses bras l'étreinte paternelle !
Tout mon sang s'arrêtait, quand sa main a pressé
Ce cœur qui le chérit et l'a tant offensé !
Ses pleurs brûlaient mon front qui rougissait de honte.

ÉLÉNA.

Et le tourment qu'il souffre, à plaisir il l'affronte,
Il le cherche, et pourquoi ?

FERNANDO.

Pour suspendre un moment,
En changeant de douleurs, un plus affreux tourment.
Ce n'est pas mon amour, n'en prenez point d'ombrage,
Restez, ce n'est pas lui qui dompta mon courage ;
J'en aurais triomphé ! mais c'est ce désespoir
Que n'ont pu, dans l'exil, sentir ni concevoir
Tous ces heureux bannis de qui l'humeur légère
A fait des étrangers sur la rive étrangère.
C'est ce dégoût d'un sol que voudraient fuir nos pas ;
C'est ce vague besoin des lieux où l'on n'est pas,
Ce souvenir qui tue ; oui, cette fièvre lente,
Qui fait rêver le ciel de la patrie absente.
C'est ce mal du pays dont rien ne peut guérir,
Dont tous les jours on meurt sans jamais en mourir.
Venise !...

ACTE I, SCÈNE II.

ÉLÉNA.

Hélas!

FERNANDO.

O bien qu'aucun bien ne peut rendre!
O patrie! ô doux nom que l'exil fait comprendre,
Que murmurait ma voix, qu'étouffaient mes sanglots,
Quand Venise en fuyant disparut sous les flots!
Pardonnez, Éléna; peut-on vivre loin d'elle?
Si l'on a vu les feux dont son golfe étincelle,
Connu ses bords charmans, respiré son air doux,
Le ciel sur d'autres bords n'est plus le ciel pour nous.
Que la froide Allemagne et que ses noirs orages
Tristement sur ma tête abaissaient leurs nuages!
Que son pâle soleil irritait mes ennuis!
Ses beaux jours sont moins beaux que nos plus sombres nuits.
Je disais, tourmenté d'une pensée unique :
Soufflez encor pour moi, vents de l'Adriatique!
J'ai cédé, j'ai senti frémir dans mes cheveux
Leur brise qu'à ces mers redemandaient mes vœux.
Dieu! quel air frais et pur inondait ma poitrine!
Je riais, je pleurais; je voyais Palestrine,
Saint-Marc que j'appelais, s'approcher à ma voix;
Et tous mes sens émus s'enivraient à la fois
De la splendeur du jour, des murmures de l'onde,
Des trésors étalés dans ce bazar du monde,

Des jeux, des bruits du port, des chants du gondolier!...
Ah! des fers dans ces murs qu'on ne peut oublier!
Un cachot, si l'on veut, sous leurs plombs redoutables,
Plutôt qu'un trône ailleurs, un tombeau dans nos sables,
Un tombeau, qui parfois témoin de vos douleurs,
Soit foulé par vos pieds et baigné de vos pleurs!

ÉLÉNA.

Que les vôtres déjà n'arrosent-ils ma cendre!
Mais... ce ne fut pas moi, je me plais à l'apprendre,
Qui ramenai vos pas vers votre sol natal.
Il n'est plus cet amour qui me fut si fatal.
Quand sa chaîne est coupable, un noble cœur la brise;
N'est-ce pas, Fernando?... Je voudrais fuir Venise,
Dont les bords désormais sont votre unique amour,
Et pour vous y laisser m'en bannir à mon tour.

FERNANDO.

Vous, Éléna?

ÉLÉNA.

Qu'importe où couleraient mes larmes?
A ne les plus cacher je trouverais des charmes.
Oui, mon supplice, à moi, fut de les dévorer,
Lorsque, la mort dans l'ame, il fallait me parer,
Laisser là mes douleurs, en effacer l'empreinte,
Pour animer un bal de ma gaîté contrainte:
Heureuse, en leur parlant, d'échapper aux témoins,

Dans ces nuits de délire, où je pouvais du moins
Au profit de mes pleurs tourner un fol usage,
Et sous un masque enfin reposer mon visage.

FERNANDO.

Je ne plaignais que moi!

ÉLÉNA.

Mon malheur fut plus grand :
J'ai tenu sur mon sein mon époux expirant.
Tremblante à son chevet, de remords poursuivie,
Je ranimais en vain les restes de sa vie.
Je croyais, quand sur lui mes yeux voyaient peser
Un sommeil convulsif qui semblait m'accuser,
Qu'un avis du cercueil, qu'un rêve, que Dieu même
Lui dénonçait mon crime à son heure suprême;
Et que de fois alors je pris pour mon arrêt
Les accens étouffés que sa voix murmurait!
Comment peindre le doute où flottaient mes pensées,
Quand ma main, en passant sur ses lèvres glacées,
Interrogeait leur souffle, et que, dans mon effroi,
Tout, jusqu'à son repos, était sa mort pour moi?
Je fus coupable, ô Dieu, mais tu m'as bien punie,
La nuit où dans l'horreur d'une ardente insomnie,
Il se leva, sur moi pencha ses cheveux blancs,
Et pâle me bénit de ses bras défaillans;
Il me parla de vous!

FERNANDO.

De moi !

ÉLÉNA.

Nuit vengeresse !
Nuit horrible ! et pourtant j'ai tenu ma promesse.
Jusqu'au pied des autels j'ai gardé mon secret.
L'offrande qu'à nos saints ma terreur consacrait,
Je la portais dans l'ombre au fond des basiliques ;
Je priais, j'implorais de muettes reliques,
Et sans bruit, sous les nefs je fuyais, en passant
Devant le tribunal d'où le pardon descend.

FERNANDO.

Mais le ciel accueillit votre ardente prière.

ÉLÉNA.

Celle des grands, du peuple et de Venise entière,
La mienne aussi peut-être; et vous, vous qu'aujourd'hui
Je trouve à mes chagrins moins sensible que lui,
Celle qui vous toucha quand vous m'avez quittée,
Pour l'oublier sitôt, l'avez-vous écoutée ?

FERNANDO.

Si je l'entends encor, c'est la dernière fois :
Je pars. L'Adriatique a revu les Génois;
Venise me rappelle, et sait que leur audace
A quelques beaux trépas va bientôt laisser place.
Vos vœux seront remplis, je reviens pour mourir.

ACTE I, SCENE II.

ÉLÉNA.

Pour mourir!

FERNANDO.

Mais ce sang que le fer va tarir,
Avant de se répandre où Venise l'envoie,
A battu dans mon sein d'espérance et de joie.
Il palpite d'amour! A quoi bon retenir
Ce tendre et dernier cri que la mort doit punir?
Je vous trompais; c'est vous, ce n'est pas la patrie,
Vous, qui rendez la force à cette ame flétrie;
Vous, vous que je cherchais sous ce climat si doux,
Sur ce rivage heureux qui ne m'est rien sans vous!

ÉLÉNA.

Par pitié!...

FERNANDO.

Cette fois l'absence est éternelle:
On revient de l'exil, mais la tombe est fidèle.
Je pars... Je mourrai donc, sûr que mon souvenir
De mes tourmens jamais ne vint l'entretenir.
Ce prix qui m'était dû, qu'en vain je lui rappelle,
Cette écharpe, jamais... Dieu! qu'ai-je vu? C'est elle!
La voilà! je la tiens... Ah! tu pensais à moi!
Elle est humide encore, et ces pleurs, je les croi.
Tu me trompais aussi; nos vœux étaient les mêmes.
Allons! je puis mourir: tu m'as pleuré, tu m'aimes!

ÉLÉNA, qui veut reprendre l'écharpe.

Fernando!

FERNANDO.

Ton présent ne me doit plus quitter;
C'est mon bien! c'est ma vie! et pourquoi me l'ôter?
Je le garderai peu; ce deuil est un présage;
Mais d'un autre que moi tu recevras ce gage,
Mais couvert de mon sang, pour toujours séparé
De ce cœur, comme lui, sanglant et déchiré,
Qui, touché des remords où son amour te livre,
Pour cesser de t'aimer, aura cessé de vivre.

ÉLÉNA.

On vient!

FERNANDO, cachant l'écharpe dans son sein.

Veillez sur vous un jour, un seul moment,
Par pitié pour tous trois.

ÉLÉNA.

Il le faut; mais comment
Contempler sans pâlir ces traits que je révère?

FERNANDO.

Quel nuage obscurcit leur majesté sévère!

SCÈNE III.

Les précédens, FALIERO.

FALIERO, absorbé dans sa rêverie.

Tous mes droits envahis ! mon pouvoir méprisé !
Que n'ai-je pas souffert ? que n'ont-ils point osé ?
Mais après tant d'affronts dévorés sans murmure,
Cette dernière insulte a comblé la mesure.

ÉLÉNA.

Qu'entends-je ?

FERNANDO.

Que dit-il ?

FALIERO, les apercevant.

Chère Éléna, pardon !
Fernando, mes enfans, dans quel triste abandon
(à Fernando.)
Je languirais sans vous !... Tu nous restes, j'espère ?

FERNANDO.

Mais votre altesse oublie...

FALIERO.

Appelle-moi ton père,
Ton ami.

FERNANDO.

Que l'État dispose de mon bras ;

Qui peut prévoir mon sort?

FALIERO.

Qui? moi. Tu reviendras.
La mort, plus qu'on ne pense, épargne le courage.
Regarde-moi! j'ai vu plus d'un jour de carnage;
Sous le fanal de Gêne et les murs des Pisans,
Plus d'un jour de victoire; et j'ai quatre-vingts ans.
Tu reviendras. Ce sceptre envié du vulgaire
Moissonne, Fernando, plus de rois que la guerre.

FERNANDO.

Écartez vos ennuis!

FALIERO.

Pour en guérir, j'attends
Ce terme de ma vie, attendu trop long-temps.
Tu portes sans te plaindre une part de ma chaîne,
Pauvre Éléna! je crus mon heure plus prochaine,
Lorsqu'à mon vieil ami je demandai ta main.
C'est un jour à passer, me disais-je, et demain
Je lui laisse mon nom, de l'opulence, un titre;
Mais un pouvoir plus grand de nos vœux est l'arbitre.
La faute en est à lui!

ÉLÉNA.

Qu'il prolonge vos jours,
Comme il les a sauvés!

ACTE I, SCÈNE III.

FALIERO.

Sans toi, sans ton secours,
Je succombais naguère, et t'aurais affranchie.
Comme elle se courbait sous ma tête blanchie !
(à Fernando.)
Ah ! si tu l'avais vue ! ange compatissant,
Pour rajeunir le mien elle eût donné son sang !

FERNANDO.

Nous l'aurions fait tous deux.

ÉLÉNA.

Nous le devions.

FALIERO.

Je pense
Qu'avant peu mes enfans auront leur récompense.
Qu'il vous soit cher ce don, bien qu'il vienne un peu tard.
Vivez, soyez heureux, et pensez au vieillard.

ÉLÉNA.

Hélas ! que dites-vous ?

FALIERO.

Éléna, je t'afflige...
Pour bannir cette idée, allons, sors, je l'exige.
Je veux à Fernando confier mon chagrin;
Mais toi, tu le connais. L'aspect d'un ciel serein
A pour des yeux en pleurs un charme qui console.

ÉLÉNA.

Souffrez...

FALIERO.

Crains la fatigue, et sors dans ma gondole.
Contre l'ardeur du jour prends un masque léger,
Qui, sans lasser ton front, puisse le protéger.
Va, ma fille.

ÉLÉNA.

O bonté !

(Elle sort.)

SCÈNE IV.

FALIERO, FERNANDO.

FALIERO.

C'est elle qu'on outrage !

FERNANDO.

Éléna ?

FALIERO.

Moi ; c'est moi.

FERNANDO.

Vous ?

FALIERO.

Écoute, et partage

ACTE I, SCÈNE IV.

Un fardeau qu'à moi seul je ne puis supporter.
C'est mon nom, c'est le nôtre à qui vient d'insulter
Un de ceux dont nos lois sur les bancs des quarante
Font siéger à vingt ans la jeunesse ignorante.
Lois sages!

FERNANDO.

Qu'a-t-il fait?

FALIERO.

Le dirai-je? irrité
D'un reproche public, mais par lui mérité,
L'insolent sur mon trône eut l'audace d'écrire...
Je les ai lus comme elle et tous ont pu les lire;
Ces mots... mon souvenir ne m'en rappelle rien,
Mais ces mots flétrissaient mon honneur et le sien.

FERNANDO.

Le lâche, quel est-il?

FALIERO.

Cherche dans la jeunesse,
Qui profane le mieux dix siècles de noblesse,
Qui fait rougir le plus les aïeux dont il sort?
Tête folle! être nul, qu'un caprice du sort
Fit libre, mais en vain, car son ame est servile;
Courageux, on le dit; courageux entre mille,
Dont un duel heureux marque le premier pas.
Du courage! à Venise, eh! qui donc n'en a pas?

Un Sténo!

FERNANDO.
Lui, Sténo!

FALIERO.
Bien que brisé par l'âge,
Je n'aurais pas, crois-moi, laissé vieillir l'outrage.
Près de Saint-Jean et Paul il est un lieu désert,
Où, pour lui rendre utile un de ces jours qu'il perd,
Mon bras avec la sienne eût croisé cette épée...

FERNANDO.
Il vit!

FALIERO.
Pour peu de jours, ma vengeance est trompée.
Sans leur permission puis-je exposer mon sang?
Privilége admirable! il vit grace à mon rang.
Mais l'affront fut public, le châtiment doit l'être.
Les quarante déjà l'ont condamné peut-être.

FERNANDO.
Eh quoi! ce tribunal où lui-même...

FALIERO.
Tu vois
Comme Venise est juste et maintient tous les droits!
Nos fiers avogadors avaient reçu ma plainte;
Aux droits d'un des quarante oser porter atteinte!
Quel crime! l'eût-on fait? mais leur prince outragé,

Qu'importe? et par ses pairs Sténo sera jugé.

FERNANDO.

S'ils l'éparguaient?

FALIERO.

Qui? lui! l'épargner! lui, ce traître!
Oui, traître à son serment, à Venise, à son maître.

FERNANDO.

O fureur!

FALIERO.

De mon nom, toi, l'unique héritier,
Toi, mon neveu, mon fils, connais-moi tout entier :
Lis, mon ame est ouverte et montre sa faiblesse.
C'est peu de l'infamie où s'éteint ma vieillesse ;
Cet affront dans mon sein éveille des transports,
D'horribles mouvemens inconnus jusqu'alors.
J'en ai honte, et je crains de sonder ma blessure :
Devine, par pitié, comprends, je t'en conjure,
Comprends ce qu'à mon âge un soldat tel que moi
Ne pourrait sans rougir confier, même à toi.
Éléna!... se peut-il? si ce qu'on ose écrire...
Mais sur ses traits en vain je cherche le sourire.
D'où vient que mon aspect lui fait baisser les yeux?
Pourquoi loin des plaisirs se cacher dans ces lieux?
Pourquoi fuir cet asile où, par la pénitence,
Le crime racheté redevient l'innocence?

Le sien est-il si grand, si terrible?... Insensé!
Tout me devient suspect, le présent, le passé;
J'interroge la nuit, les yeux fixés sur elle,
Jusqu'aux pleurs, aux aveux d'un sommeil infidèle,
Et j'ai vu, réveillé par cet affreux soupçon,
Ses lèvres se mouvoir et murmurer un nom.

FERNANDO.

Grand Dieu !

FALIERO.

   Ne me crois pas; va, je lui fais injure;
Sténo!... jamais, jamais! sa vie est encor pure;
Jamais tant de vertu ne descendrait si bas;
Je n'ai rien soupçonné, rien dit; ne me crois pas!
Mais Sténo, mais celui dont le mensonge infame
De cette défiance a pu troubler mon ame,
L'épargner! qu'as-tu dit? l'oseraient-ils? Sais-tu
Qu'il faut que je le voie à mes pieds abattu?
Sais-tu que je le veux, que la hache est trop lente
A frapper cette main, cette tête insolente?...
Mais j'obtiendrai justice avant la fin du jour :
On m'apporte l'arrêt; je respire!

SCÈNE V.

Les précédens, LE SECRÉTAIRE des quarante.

LE SECRÉTAIRE.

La cour
Dépose son respect aux pieds de votre altesse.

FALIERO.

Leur respect est profond : jugeons de leur sagesse.
La sentence? donnez.

LE SECRÉTAIRE.

La voici.

FERNANDO, à son oncle.

Vous tremblez.

FALIERO.

Moi? non. Je... non... pourquoi?... Lis, mes yeux sont troublés;
Lis.

FERNANDO, lisant.

« Il est décrété d'une voix unanime
« Que Sténo convaincu...

FALIERO.

Passe, je sais son crime.
Le châtiment?

FERNANDO.

« Un mois dans les prisons d'État. »

FALIERO.

Après?

FERNANDO.

C'est tout.

FALIERO, froidement.

Un mois!

FERNANDO.

Pour ce lâche attentat!

LE SECRÉTAIRE, au doge.

La cour, de votre altesse attend la signature.

FERNANDO, à son oncle, qui s'approche de la table.

Et vous...

FALIERO.

C'est mon devoir.

FERNANDO.

Quoi! d'approuver l'injure?

FALIERO.

Un mois! Dieu!

(La plume tombe de ses mains.)

(au secrétaire, en lui remettant le papier.)

Laissez-nous.

LE SECRÉTAIRE.

L'arrêt n'est pas signé.

FALIERO.

Non ? j'ai cru...

> (Il signe rapidement, et le rendant au secrétaire.)

Sortez donc.

SCÈNE VI.

FALIERO, FERNANDO.

FERNANDO.

      Et sans être indigné,
Vous consacrez vous-même une telle indulgence?

FALIERO, en souriant.

Tu le vois.

FERNANDO.

  Quel sourire ! il demande vengeance.

FALIERO.

Nos très nobles seigneurs à l'affront qu'on m'a fait
N'ont-ils pas aujourd'hui pleinement satisfait ?
Où vas-tu ?

FERNANDO.

  Vous venger.

FALIERO.

     Bien ! Ce courroux t'honore.
Bien ! c'est un Faliero ; je me retrouve encore :

C'est mon ardeur, c'est moi ; c'est ainsi que jadis
Mon père à son appel eût vu courir son fils.
Mais qui veux-tu punir?

FERNANDO.

Je reviens vous l'apprendre.

FALIERO.

Que pourrais-tu, toi seul?

FERNANDO.

Ce que peut entreprendre
Un homme contre un homme.

FALIERO.

Et contre tous?

FERNANDO.

Plus bas!
Le courroux vous égare.

FALIERO.

Il m'éclaire : à ton bras
Un coupable suffit; mais s'ils sont tous coupables,
Que me font et l'un d'eux et ses jours misérables?
Me venger à demi, c'est ne me pas venger.
L'offenseur n'osa rien, osant tout sans danger :
Au-dessous de son crime un tel pardon le place,
Et de son insolence il n'avait pas l'audace.
Il n'outragea que moi : l'arrêt qu'ils ont rendu
Dans un commun outrage a seul tout confondu,

Un tribunal sacré qu'au mépris il condamne ;
La loi qu'il fait mentir, le trône qu'il profane.
Si j'élève la voix, que d'autres se plaindront !
Ils ont, pour s'enhardir à m'attaquer de front,
Essayé sur le faible un pouvoir qui m'opprime,
Et monté jusqu'à moi de victime en victime.
Un peuple entier gémit. Doge, ce n'est plus toi,
C'est lui que tu défends ; c'est l'État, c'est la loi,
C'est ce peuple enchaîné, c'est Venise qui crie :
Arme-toi ; Dieu t'appelle à sauver la patrie !

FERNANDO.

Seigneur, au nom du ciel...

FALIERO.

Opprobre à ma maison,
Si de leurs oppresseurs je ne leur fais raison !
Quels moyens ?... je ne sais : les malheurs de nos armes
A Venise ulcérée ont coûté bien des larmes.
On s'en souvient : je veux... Si pour briser leurs fers
J'essayais... Il vaut mieux... Non, je puis... Je m'y perds.
Je cherche et ne vois rien qu'à travers des nuages.
Mille desseins confus, mille horribles images,
Se heurtent dans mon sein, passent devant mes yeux ;
Mais je sens qu'un projet vengeur, victorieux,
Au sortir du chaos où je l'enfante encore,
Pour les dévorer tous dans le sang doit éclore.

FERNANDO.

Ah! que méditez-vous? craignez...

FALIERO.

Tu m'écoutais!
J'ai parlé : qu'ai-je dit? pense au trouble où j'étais :

(à voix basse.)

C'est un rêve insensé. Ce que tu viens d'entendre,
Il faut...

FERNANDO.

Quoi?

FALIERO.

L'oublier, ou ne le pas comprendre.

(à un officier du palais, qui entre.)

Que veut-on?

SCÈNE VII.

Les précédens, VICENZO.

VICENZO.

La faveur d'un moment d'entretien;
Et celui qui l'attend...

FALIERO.

Fût-ce un patricien,
Non : s'il est offensé, qu'il s'adresse aux quarante.

ACTE I, SCÈNE VII.

VICENZO.

Sa demande à l'État doit être indifférente;
C'est un homme du peuple, à ce que j'ai pu voir,
Un patron de galère.

FALIERO.

Un instant! mon devoir
Est d'écouter le peuple; il a droit qu'on l'écoute,
Le peuple! il sert l'État. Allez, quoi qu'il m'en coûte,
Je recevrai cet homme.

(Vicenzo sort.)

Implorer mon secours,
C'est avoir à se plaindre; on peut par ses discours
Juger...

FERNANDO.

Je me retire.

FALIERO.

Oui, laisse-nous. Arrête!
Ne cherche pas Sténo; réserve-moi sa tête :
Il est sacré pour toi.

(Fernando sort.)

Cet homme a des amis,
Et par eux... Après tout, l'écouter m'est permis,
Je le dois. Mais il vient.

SCÈNE VIII.

FALIERO, ISRAEL BERTUCCIO.

FALIERO.

Que voulez-vous?

ISRAEL.

Justice!

FALIERO.

Vain mot! pour l'obtenir l'instant n'est pas propice.

ISRAEL.

Il doit l'être toujours.

FALIERO.

Avez-vous un appui?

ISRAEL.

Plus d'un : mon droit d'abord, et le doge après lui.

FALIERO.

L'un sera méprisé : pour l'autre, il vient de l'être.
Votre nom?...

ISRAEL.

N'est pas noble, et c'est un tort.

FALIERO.

Peut-être.

ISRAEL.

Israël Bertuccio.

FALIERO.

Ce nom m'est inconnu.

ISRAEL.

Noble, jusqu'à mon prince il serait parvenu.

FALIERO.

Auriez-vous donc servi?

ISRAEL.

Dans plus d'une entreprise.

FALIERO.

Sur mer?

ISRAEL.

Partout.

FALIERO.

En brave?

ISRAEL.

En soldat de Venise.

FALIERO.

Sous plus d'un général?

ISRAEL.

Un seul, qui les vaut tous.

FALIERO.

C'est trop dire d'un seul.

ISRAEL.

Non.

FALIERO.

Quel est-il?

ISRAEL.

C'est vous.

FALIERO.

Israël!... Oui, ce nom revient à ma mémoire...
C'est vrai, brave Israël, tu servis avec gloire :
Tu combattis sous moi.

ISRAEL.

Mais dans des jours meilleurs;
On triomphait alors.

FALIERO, avec joie.

A Zara !

ISRAEL.

Comme ailleurs;
Vous commandiez !

FALIERO.

Allons, dis-moi ce qui t'amène;
Parle à ton général, et conte-lui ta peine;
Dis, mon vieux camarade!

ISRAEL.

Eh bien donc, je me plains...
M'insulter! on l'a fait! Par le ciel et les saints,
Israël sans vengeance, et réduit à se plaindre!...
Pardon, mon général, je ne puis me contraindre :

ACTE I, SCÈNE VIII.

Qui souffre est excusé.

FALIERO.

Je t'excuse et le dois :
Rappeler son affront, c'est le subir deux fois.

ISRAEL.

Deux fois! subir deux fois l'affront que je rappelle!
Que maudit soit le jour où, pour prix de mon zèle,
Votre prédécesseur, mais non pas votre égal,
Me fit patron du port, et chef de l'arsenal!

FALIERO.

C'était juste.

ISRAEL.

Et pourtant, sans cette récompense,
Viendrais-je en suppliant vous conter mon offense?
Chargé par le conseil de travaux importans...
Je tremble malgré moi, mais de fureur.

FALIERO.

J'entends.

ISRAEL.

Je veillais à mon poste : un noble vient, déclare
Qu'il faut quitter pour lui nos vaisseaux qu'on répare.
Il maltraite à mes yeux ceux qui me sont soumis :
Je cours les excuser ; ils sont tous mes amis,
Tous libres, par saint Marc, gens de cœur, gens utiles.
Dois-je donc, pour un noble et ses travaux futiles,

Me priver d'un seul bras sur la flotte occupé?
Le dois-je? prononcez.

FALIERO.

Non, certe.

ISRAEL.

Il m'a frappé!...

Que n'est-ce avec le fer!

FALIERO.

Du moins tu vis encore.

ISRAEL.

Sans honneur : le fer tue, et la main déshonore.
Un soufflet! Sur mon front ce seul mot prononcé
Fait monter tout le sang que l'État m'a laissé.
Il a coulé mon sang dont la source est flétrie,
Mais sous la main d'un noble et non pour la patrie.
L'outrage est écrit là : sa bague en l'imprimant
A creusé sur ma joue un sillon infamant.
Montre donc maintenant, montre tes cicatrices,
Israël, la dernière a payé tes services.

FALIERO.

Et l'affront qu'on t'a fait ..

ISRAEL.

Je ne l'ai pas rendu :

Je respecte mes chefs. A prix d'or, j'aurais dû
Me défaire de lui sous le stylet d'un brave.

ACTE I, SCÈNE VIII. 213

Mais j'ai dit : Je suis libre, on me traite en esclave ;
Pour mon vieux général tous les droits sont sacrés,
Il me rendra justice ; et vous me la rendrez.

FALIERO.

On ne me la fait pas ; comment puis-je la rendre ?

ISRAEL.

On ne vous la fait pas ? à vous ! Pourquoi l'attendre ?
Si j'étais doge...

FALIERO.

Eh bien ?

ISRAEL.

Je...

FALIERO, vivement.

Tu te vengerais !

ISRAEL.

Demain.

FALIERO.

Tu le peux donc ?

ISRAEL.

Non... mais je le pourrais,
Si j'étais doge.

FALIERO.

Approche, et parle sans mystère.

ISRAEL.

On risque à trop parler ce qu'on gagne à se taire.

FALIERO.

Tu sais qu'un mot de moi peut donner le trépas,
Tu le crains.

ISRAEL.

Je le sais, mais je ne le crains pas.

FALIERO.

Pourquoi ?

ISRAEL.

Notre intérêt nous unit l'un à l'autre;
J'ai ma cause à venger, mais vous avez la vôtre.

FALIERO.

Ainsi donc, pour le faire, il existe un complot ?
De quelle part viens-tu ?

ISRAEL.

De la mienne. En un mot,
Pour soutenir nos droits voulez-vous les confondre ?

FALIERO.

Je veux t'interroger avant de te répondre.

ISRAEL.

Qui m'interrogera, vous, ou le doge ?

FALIERO.

Moi.
Pour le doge, il n'est plus.

ISRAEL.

C'est parler : je vous croi.

ACTE I, SCÈNE VIII.

FALIERO.

Parle donc à ton tour.

ISRAEL.

Si le peuple murmure
Du joug dont on l'accable et des maux qu'il endure,
Est-ce moi qui l'opprime?

FALIERO.

Il comprend donc ses droits?

ISRAEL.

La solde que l'armée attend depuis deux mois,
Si d'autres, la payant, tentent par ce salaire
De nos condottieri la bande mercenaire,
Puis-je l'empêcher, moi?

FALIERO.

Vous avez donc de l'or?

ISRAEL.

Si de vrais citoyens, car il en est encor,
Des soldats du vieux temps, du vôtre, et qu'on méprise,
Par la foi du serment sont liés dans Venise;
Aux glaives des tyrans, qu'ils veulent renverser,
Suis-je un patricien, moi, pour les dénoncer?

FALIERO.

Achève.

ISRAEL.

J'ai tout dit.

FALIERO.

Ce sont là des indices.
Le reste, ton projet, tes amis, tes complices?

ISRAEL.

Mon projet? c'est le vôtre.

FALIERO.

En ai-je un?

ISRAEL.

Mes moyens?
Mon courage, cette arme...

FALIERO.

Et les armes des tiens?
Tes complices? leurs noms?

ISRAEL.

Je n'ai pas un complice.

FALIERO.

Quoi! pas un?

ISRAEL.

En a-t-on pour rendre la justice?

FALIERO.

Tes amis, si tu veux.

ISRAEL.

Quand vous serez le leur.

FALIERO.

Moi! je...

ACTE I, SCÈNE VIII.

ISRAEL.

Vous reculez?

FALIERO.

Agir avec chaleur,
Concevoir froidement, c'est le secret du maître.
Puis-je rien décider avant de tout connaître?
Mais le sénat m'appelle; un plus long entretien
Pourrait mettre au hasard mon secret et le tien.

ISRAEL.

Vous revoir au palais serait risquer ma tête...
Le seigneur Lioni vous attend à sa fête;
J'irai.

FALIERO.

Te reçoit-il?

ISRAEL.

Mon bras sauva ses jours;
J'eus tort : c'est un de plus.

FALIERO.

Affable en ses discours,
Dans ses actes cruel, esprit fin, ame dure,
Assistant du même air au bal qu'à la torture,
Soupçonneux, mais plus vain; et dans sa vanité
Épris d'un fol amour de popularité :
Il doit te recevoir.

ISRAEL.

Il en a le courage.
Du marin parvenu le rude et fier langage
Le trompe en l'amusant, et sans prendre un soupçon
Dans la bouche de fer il trouverait mon nom.

FALIERO.

Mais la torture est prête aussitôt qu'il soupçonne.

ISRAEL.

Je la supporterais de l'air dont il la donne.

FALIERO.

Tu me gagnes le cœur.

ISRAEL.

Vos ordres, général?

FALIERO.

J'irais à leurs regards m'exposer dans un bal,
Rendre en les acceptant leurs mépris légitimes!
Chercher mes ennemis!

ISRAEL.

Non, compter vos victimes.

FALIERO, vivement.

Je n'ai rien décidé.

ISRAEL.

Voulez-vous me revoir?

FALIERO.

Plus tard.

ISRAEL, qui fait un pas pour sortir.

Jamais.

FALIERO.

Reviens.

ISRAEL.

A ce soir.

FALIERO, après une pause.

A ce soir.

FIN DU PREMIER ACTE.

ACTE DEUXIÈME.

Le palais de Lioni : salon très riche, galerie au fond ; une table où sont disposés des échecs.

SCÈNE I.

LIONI, VEREZZA, DEUX AUTRES AFFIDÉS DU CONSEIL DES DIX, sur le devant de la scène; SERVITEURS occupés des apprêts d'un bal ; BERTRAM, au fond, dans un coin.

LIONI, bas à Verezza.

On vous a de Sténo renvoyé la sentence ;
Vous l'exécuterez, mais avec indulgence.
L'État veut le punir comme un noble est puni :
Des égards, du respect.

VEREZZA.

    Le seigneur Lioni
Me parle au nom des Dix?

LIONI.

    Leur volonté suprême
Laisse-t-elle un d'entre eux parler d'après lui-même?

Vous pouvez être doux, en voici l'ordre écrit.

(le prenant à part.)

Cet autre ne l'est pas : il regarde un proscrit,
Par jugement secret traité comme il doit l'être ;
Le prisonnier des plombs : une gondole, un prêtre,
Au canal Orfano! Sortez.

(à ses valets.)

Partout des fleurs !
Que les feux suspendus et l'éclat des couleurs,
Que le parfum léger des roses de Bysance,
Les sons qui de la joie annoncent la présence,
Que cent plaisirs divers d'eux-mêmes renaissans,
Amollissent les cœurs et charment tous les sens.

(à Bertram.) (aux valets.)

Approchez-vous, Bertram. Laissez-nous.

SCÈNE II.

LIONI, BERTRAM.

LIONI.

Ma colère
A cédé, quoique juste, aux pleurs de votre mère ;
Le sein qui vous porta nous a nourris tous deux ;
Je m'en suis souvenu.

BERTRAM.

Monseigneur!...

LIONI.

Malheureux!
Quel orgueil fanatique ou quel mauvais génie
De censurer les grands t'inspira la manie?

BERTRAM.

Je leur dois tous mes maux.

LIONI.

Bertram, sans mon appui,
Sur le pont des Soupirs tu passais aujourd'hui;
On t'oubliait demain.

BERTRAM.

Je demeure immobile;
Quoi! le pont des Soupirs!

LIONI.

Sois un artiste habile,
Un sculpteur sans égal; mais pense à tes travaux,
Et quand tu veux blâmer, parle de tes rivaux.
L'État doit aux beaux-arts laisser ce privilége,
C'est ton droit; plus hardi, tu deviens sacrilége.

BERTRAM.

On ne l'est qu'envers Dieu.

LIONI.

Mais ne comprends-tu pas

Que ceux qui peuvent tout sont les dieux d'ici-bas?...
On t'aime à Rialto, dans le peuple on t'écoute,
Dis que je t'ai sauvé : tu le diras?

BERTRAM.

Sans doute;
De raconter le bien le ciel nous fait la loi.

LIONI.

Et d'oublier le mal; mais tes pareils et toi,
Vous croyez, tous couverts de vos pieux symboles,
Répandre impunément le fiel de vos paroles,
Et, disposant du ciel en possesseurs jaloux,
Vous l'ouvrez pour vous seuls et le fermez pour nous.

BERTRAM.

Non pour vous, mais pour ceux que le ciel doit maudire.

LIONI.

Tu te crois saint, Bertram, et tu crains le martyre.
La torture...

BERTRAM.

Ah! pitié!

LIONI.

Des grands parle à genoux.

BERTRAM.

De ma haine contre eux je vous excepte, vous.

LIONI.

Que leur reproches-tu?

ACTE II, SCÈNE II.

BERTRAM.
Ma misère.

LIONI.
Sois sage;
Travaille, tu vivras.

BERTRAM.
Promettre est leur usage :
Car l'ivoire ou l'ébène à leurs yeux est sans prix,
Quand il doit de mes mains passer sous leurs lambris.
Mais l'ont-ils, ce travail achevé pour leur plaire,
J'expire de besoin et j'attends mon salaire.

LIONI.
A-t-on des monceaux d'or pour satisfaire à tout?
Je les verrai. Mais parle, on célèbre ton goût;
Quels marbres, quels tableaux, aux miens sont comparables?
Regarde ces apprêts : que t'en semble?

BERTRAM.
Admirables!

LIONI.
Voyons, j'aime les arts et prends tes intérêts :
(à voix basse.)
Les Dix, pour tout savoir ont des agens secrets,
Et nous payons fort cher leurs utiles services;
Tu nous pourrais comme eux rendre ces bons offices.
De nos patriciens plus d'un s'en fait honneur.

BERTRAM.

Je préfère pourtant...

LIONI.

Quoi?

BERTRAM.

Mourir, monseigneur.

LIONI.

Insensé!

BERTRAM.

Mais comptez sur ma reconnaissance.

LIONI.

Me la prouver, je crois, n'est pas en ta puissance.

BERTRAM.

Le dernier peut un jour devenir le premier.

LIONI.

Comment?

BERTRAM.

Dieu nous l'a dit.

LIONI.

Garde-toi d'oublier
Que des vertus ici l'humilité chrétienne
Est la plus nécessaire, et ce n'est pas la tienne.
Sténo!... Sors.

SCÈNE III.

LIONI, BERTRAM, STÉNO.

(Il porte un domino ouvert qui laisse voir un costume très élégant ;
il a son masque à la main.)

STÉNO, à Bertram.

Gloire à toi, Phidias de nos jours.
J'ai reçu ton chef-d'œuvre, et te le dois toujours ;
Mais un mois de prison va régler mes dépenses,
Je te paîrai bientôt.

BERTRAM, à part, en s'inclinant.

Plus tôt que tu ne penses.

SCÈNE IV.

LIONI, STÉNO.

LIONI.
Qui? vous, Sténo, chez moi!

STÉNO.

C'est mal me recevoir.

LIONI.
Condamné le matin, venir au bal le soir!

STÉNO.

Ma journée est complète et la nuit la couronne.
Je veux prendre congé de ceux que j'abandonne :
Demain je suis captif; à votre prisonnier
Laissez du moins ce jour, ce jour est le dernier.

LIONI.

Le doge vient ici, je reçois la duchesse ;
Et...

STÉNO.

Sa beauté vaut mieux que son titre d'altesse.
Que ne m'est-il permis de choisir mes liens !
Les fers de son époux sont moins doux que les siens.

LIONI.

Il ne faut pas plus loin pousser ce badinage ;
Même en vous punissant croyez qu'on vous ménage.

STÉNO.

J'aime votre clémence et l'effort en est beau :
M'ensevelir vivant dans la nuit du tombeau !
Et pourquoi? pour trois mots que j'eus le tort d'écrire;
Mais le doge irrité, jaloux jusqu'au délire,
Prouva que d'un guerrier mille fois triomphant
La vieillesse et l'hymen ne font plus qu'un enfant.
Au reste il est ici l'idole qu'on encense,
Pour lui rendre en honneurs ce qu'il perd en puissance.

ACTE II, SCÈNE IV.

LIONI.

A ces honneurs, Sténo, gardez-vous d'attenter.
Par égard pour nous tous, qu'il doit représenter
Au timon de l'État, dont nous tenons les rênes,
Il faut baiser ses mains en leur donnant des chaînes.
Ainsi donc pour ce soir, je le dis à regret,
Mais...

STÉNO.

Mon déguisement vous répond du secret.
Non, ne me privez pas du piquant avantage
D'entendre, à son insu, l'auguste personnage.
Autour de la duchesse heureux de voltiger,
C'est en la regardant que je veux me venger.
Je veux suivre ses pas, dans ses yeux je veux lire,
Tout voir sans être vu, tout juger sans rien dire;
Et de votre pouvoir invisible et présent
Offrir, au sein des jeux, l'image en m'amusant.

LIONI.

Veiller sur vous, Sténo, n'est pas votre coutume.

STÉNO.

Qui peut me deviner, caché sous mon costume?
Sous ce masque trompeur, le peut-on? regardez :
Noir comme le manteau d'un de vos affidés.

LIONI.

Respectons les premiers ce qu'il faut qu'on redoute.

STÉNO.

Je ne ris plus de rien, je sais ce qu'il en coûte ;
Pas même des époux ! N'est-il pas décrété
Que c'est un crime ici de lèse-majesté ?

LIONI.

Incorrigible !

STÉNO.

Eh non ! un mot vous épouvante ;
Mais ne redoutez plus ma liberté mourante :
C'est son dernier soupir ; il devait s'exhaler
Contre un vieillard chagrin qui vient de l'immoler.

LIONI.

Vous abusez de tout.

STÉNO.

Il le faut à notre âge :
Le seul abus d'un bien en fait aimer l'usage.
Quoi de plus ennuyeux que vos plaisirs sensés ?
Ils rappellent aux cœurs, trop doucement bercés
Par un retour prévu d'émotions communes,
Ce fade mouvement qu'on sent sur les lagunes.
En ôtez-vous l'excès, le plaisir perd son goût.
Mais l'excès nous réveille, il donne un charme à tout.
Un amour vous suffit ; moi, le mien se promène
De l'esclave de Smyrne à la noble romaine,
Et de la courtisane il remonte aux beautés

Que votre bal promet à mes yeux enchantés.
Le jeu du casino me pique et m'intéresse;
Mais j'y prodigue l'or, ou j'y meurs de tristesse.
Si la liqueur de Chypre est un heureux poison,
C'est alors qu'affranchi d'un reste de raison,
Mon esprit pétillant, qui fermente comme elle,
Des éclairs qu'il lui doit dans l'ivresse étincelle.
Mes jours, je les dépense au hasard, sans compter.
Qu'en faire? on en a tant! Peut-on les regretter?
Pour les renouveler, cette vie où je puise
Est un trésor sans fond qui jamais ne s'épuise;
Ils passent pour renaître, et mon plus cher désir
Serait d'en dire autant de l'or et du plaisir.
Je parle en philosophe.

LIONI.
   Et je réponds en sage :
Vous ne pouvez rester.

STÉNO.
   Quittez donc ce visage;
Dans la salle des Dix il vous irait au mieux,
Mais tout, excepté lui, me sourit en ces lieux.

LIONI.
Flatteur!

STÉNO.
 Chaque ornement, simple avec opulence,

Prouve le goût du maître et sa magnificence.

(Plusieurs personnes parées ou masquées traversent la galerie du fond.)

LIONI.

Soyez donc raisonnable : on vient de tous côtés,
J'aurais tort de permettre...

STÉNO.

Oui, mais vous permettez.
Vous de qui la raison plane au-dessus des nôtres,
Ayez tort quelquefois par pitié pour les autres.
Mes adieux au plaisir seront cruels et doux :
C'est vouloir le pleurer que le quitter chez vous.

UN SERVITEUR DE LIONI, annonçant.

Le doge !

LIONI.

Fuyez donc : s'il vous voit...

STÉNO.

Impossible !
Je me perds dans la foule et deviens invisible.

SCÈNE V.

FALIERO, ÉLÉNA, FERNANDO, BENETINDE, LIONI, ISRAEL, SÉNATEURS, COURTISANS, ETC.

LIONI, au doge.

Posséder son altesse est pour tous un bonheur;

Mais elle sait quel prix j'attache à tant d'honneur.

FALIERO.

Je ne devais pas moins à ce respect fidèle
Dont chaque jour m'apporte une preuve nouvelle.

LIONI, à la duchesse.

Madame, puissiez-vous ne pas trop regretter
Le palais que pour moi vous voulez bien quitter.

ÉLÉNA.

Vous ne le craignez pas.

LIONI, à Fernando.

Quelle surprise aimable !
Fernando de retour !

FERNANDO.

Le sort m'est favorable,
Je reviens à propos.

LIONI, lui serrant la main.

Et pour faire un heureux.

(à Benetinde, qui cause avec le doge.)

Salut au chef des Dix; le plus cher de mes vœux
Est que de ses travaux ma fête le repose.

BENETINDE.

Occupé d'admirer, peut-on faire autre chose ?

(au doge, en reprenant sa conversation.)

Vous penchez pour la paix ?

FERNANDO.

J'ai vu plus d'une cour,
Et pourtant rien d'égal à ce brillant séjour.

ÉLÉNA.

C'est un aveu flatteur après un long voyage.

LIONI.

(aux nobles vénitiens.)   (à Israël.)

Soyez les bien-venus! Je reçois ton hommage,
Mon brave!

ISRAEL, bas à Lioni.

Sous le duc j'ai servi vaillamment ;
Il peut me protéger, présentez-moi.

LIONI, le prenant par la main.

Comment !

Viens.

ÉLÉNA, regardant une peinture.

De qui ce tableau ?

LIONI, qui se retourne en présentant Israël.

D'un maître de Florence,
Du Giotto.

FALIERO, à Israël.

Dès ce soir vous aurez audience.

BENETINDE, regardant le tableau tandis qu'Israël cause avec le doge.

Où se passe la scène ?

LIONI, qui se rapproche de lui.

Eh, mais à Rimini.
La belle Francesca, dont l'amour est puni,
Voit tomber sous le bras d'un époux trop sévère
Le trop heureux rival que son cœur lui préfère.

ÉLÉNA, à part.

Je tremble.

LIONI.

Quel talent! regardez : le jaloux
Menace encor son frère expirant sous ses coups.

BENETINDE.

Son frère, ou son neveu?

FERNANDO.

Dieu!

LIONI, à Benetinde.

Relisez le Dante :

(à la duchesse.)

Son frère Paolo. Que la femme est touchante!
N'est-ce pas?

ÉLÉNA.

Oui, sublime.

(Ici les premières mesures d'une danse vénitienne.)

LIONI.

Ah! j'entends le signal.

(au doge.)

Monseigneur passe-t-il dans le salon de bal?

FALIERO.

Ces divertissemens ne sont plus de mon âge.

LIONI, lui montrant les échecs.

On connaît votre goût : voici le jeu du sage.

FERNANDO, à Éléna.

Pour le premier quadrille acceptez-vous ma main?

ÉLÉNA.

On vous a devancé.

LIONI, offrant la main à Éléna.

Je montre le chemin.

(à Israël, qu'il laisse avec le doge.)

Fais ta cour.

BENETINDE, qui les suit, à Fernando.

Donnez-moi quelques détails sincères
Sur ce qu'on dit de nous dans les cours étrangères.

(Tout le monde sort, excepté le doge et Israël.)

SCÈNE VI.

FALIERO, ISRAEL. (Ils se rapprochent par degrés.)

FALIERO.

Enfin nous voilà seuls.

ISRAEL.

Décidons de leurs jours.

FALIERO.

Quel mépris dans leurs yeux !

ISRAEL.

Fermons-les pour toujours.

FALIERO.

Même en se parlant bas qu'ils montraient d'insolence !

ISRAEL.

Nous allons pour toujours les réduire au silence.

FALIERO.

De leur sourire amer j'aurais pu me lasser.

ISRAEL.

La bouche d'un mourant sourit sans offenser.

FALIERO.

Ne peut-on nous troubler ?

(La musique recommence.)

ISRAEL.

Le plaisir les enivre,
Ils pressentent leur sort et se hâtent de vivre.
De ce bruyant concert entendez-vous les sons ?

FALIERO.

Le temps vole pour eux.

ISRAEL.

Et pour nous : agissons.

FALIERO.

La liste de vos chefs?

ISRAEL, qui lui remet un papier.

La voici.

FALIERO.

Tu m'étonnes.
Tu te crois sûr de moi, puisque tu me la donnes.

ISRAEL.

Je le puis.

FALIERO, ouvrant le papier.

Pas de noms!

ISRAEL.

Mais des titres; voyez!

FALIERO.

Qui sont peu rassurans.

ISRAEL.

Plus que vous ne croyez.

FALIERO.

Un pêcheur, un Dalmate, un artisan!

ISRAEL.

Qu'importe?
Chacun a trente amis pour lui prêter main-forte.

FALIERO.

Un gondolier!

ISRAEL.

Trois cents; car je lui dois l'appui
De tous ses compagnons non moins braves que lui.

FALIERO.

Que fais-tu d'un sculpteur?

ISRAEL.

Le ciel, dit-on, l'inspire.
Homme utile! avec nous c'est saint Marc qui conspire.

FALIERO.

Des esclaves!

ISRAEL.

Nombreux.

FALIERO.

Mais qui vous ont coûté
Beaucoup d'or?

ISRAEL.

Un seul mot.

FALIERO.

Et lequel?

ISRAEL.

Liberté.

FALIERO.

Mille condottieri vous coûtent davantage.

ISRAEL.

Rien.

FALIERO.

Dis vrai.

ISRAEL.

J'ai promis...

FALIERO.

Eh! quoi donc?

ISRAEL.

Le pillage.

FALIERO.

Je rachète Venise, et donne pour rançon...

ISRAEL.

Le trésor?

FALIERO.

Tous mes biens.

ISRAEL.

Que j'accepte en leur nom.

FALIERO, lui rendant la liste.

Deux mille! avec ce nombre il faut tout entreprendre;
C'est peu pour attaquer!

ISRAEL.

C'est beaucoup pour surprendre.

FALIERO.

J'en conviens; mais sans moi pourquoi n'agis-tu pas?

ISRAEL.

C'est qu'il nous faut un chef, s'il vous faut des soldats.

FALIERO.

Comment voir tes amis?

ISRAEL.

Sous le ciel et dans l'ombre;
Vous le pouvez.

FALIERO.

Quand donc?

ISRAEL.

Cette nuit.

FALIERO.

Elle est sombre?

ISRAEL.

Belle d'obscurité pour un conspirateur,
Profonde, et dans le ciel pas un seul délateur.

FALIERO.

Mais sur la terre?

ISRAEL.

Aucun.

FALIERO.

Écoute... Le bruit cesse;
Occupons-nous tous deux.

ISRAEL.

Comment?

FALIERO.

Le temps nous presse.

Des échecs!... C'est pour moi qu'on les a préparés.

(lui faisant signe de s'asseoir.)

Qu'ils servent nos projets.

ISRAEL, assis.

Ces nouveaux conjurés
Seront discrets du moins.

FALIERO.

Silence!

SCÈNE VII.

LES PRÉCÉDENS, LIONI.

(Plusieurs personnes, pendant cette scène et la suivante, traversent le salon, se promènent dans la galerie, s'arrêtent à des tables de jeu, jettent et ramassent de l'or; enfin tout le mouvement d'une fête.)

LIONI, à Faliero.

Votre altesse
Dédaigne nos plaisirs.

FALIERO.

Non, mais j'en fuis l'ivresse.

LIONI.

Mon heureux protégé joue avec monseigneur!

FALIERO, posant la main sur l'épaule d'Israël.

J'honore un vieux soldat.

ACTE II, SCÈNE VII.

LIONI.

Digne d'un tel honneur.

ISRAEL.

C'est un beau jour pour moi.

LIONI, à Faliero.

Vous aurez l'avantage,
Puisque ce noble jeu de la guerre est l'image.

ISRAEL.

Je tente, je l'avoue, un combat inégal..

LIONI, regardant la partie.

Voyons si le marin vaincra son amiral.

(au doge.)

Vous commencez?

FALIERO.

J'espère achever avec gloire.

LIONI.

Je ne puis décider où penche la victoire;
Le salon me réclame, et vous m'excuserez.

FALIERO.

D'un maître de maison les devoirs sont sacrés.

(Lioni sort.)

SCÈNE VIII.

FALIERO, ISRAEL.

(On circule dans le salon et on joue dans la galerie ; de temps en temps on voit Sténo, masqué, poursuivre la duchesse. Vers la fin de la scène on rentre dans la salle de bal.)

FALIERO, à voix basse.

Le lieu?

ISRAEL.

Saint-Jean et Paul.

FALIERO.

Conspirer sur la cendre
De mes nobles aïeux ranimés pour m'entendre!

ISRAEL.

Ils seront du complot.

FALIERO.

Et le plus révéré,
Dont l'image est debout près du parvis sacré,
Me verra donc trahir ma gloire et mes ancêtres!

(Ils se lèvent.)

ISRAEL.

Trahir! que dites-vous?

FALIERO.

Oui, nous sommes des traîtres.

ISRAEL.

Si le sort est pour eux; mais, s'il nous tend la main,
Les traîtres d'aujourd'hui sont des héros demain.

FALIERO.

Je doute...

ISRAEL.

Il est trop tard.

FALIERO.

Avant que je prononce,
Je veux encore... On vient : sors; attends ma réponse!

ISRAEL.

C'est lui livrer des jours qu'elle peut m'arracher...

FALIERO.

Eh bien! l'attendras-tu?

ISRAEL.

Je viendrai la chercher.

SCÈNE IX.

FALIERO; ÉLÉNA, suivie par Sténo, qui s'éloigne en voyant le doge.

ÉLÉNA.

Eh quoi! vous êtes seul. Venez : de cette fête
Si le vain bruit vous pèse, à le fuir je suis prête.

FALIERO.

Je dois rester pour toi.

ÉLÉNA.

          Voudrais-je prolonger
Des plaisirs qu'avec vous je ne puis partager?
J'en sens peu la douceur; ce devoir qui m'ordonne
D'entendre tout le monde en n'écoutant personne,
Ces flots de courtisans qui m'assiégent de soins,
Et croiraient m'offenser, s'ils m'importunaient moins,
D'un tel délassement me font un esclavage.
Avec la liberté qu'autorise l'usage,
Un d'eux, couvert d'un masque et ne se nommant pas,
Me lasse, me poursuit, s'attache à tous mes pas.

FALIERO, vivement.

Qu'a-t-il dit?

ÉLÉNA.

      Rien, pourtant, rien qu'il n'ait pu me dire.
Mais je conçois l'ennui que ce bal vous inspire,
Et prompte à le quitter, j'ai cependant, je croi,
Moins de pitié pour vous que je n'en ai pour moi.

FALIERO.

Ce dégoût des plaisirs et m'attriste et m'étonne :
A quelque noir chagrin ton ame s'abandonne.
Tu n'es donc plus heureuse, Éléna?

ÉLÉNA.

                              Moi, seigneur !

FALIERO.

Parle.

ÉLÉNA.

Rien près de vous ne manque à mon bonheur.

FALIERO.

Dis-moi ce qui le trouble : est-ce la calomnie ?
L'innocence la brave et n'en est pas ternie.
Doit-on s'en affliger quand on est sans remords ?

ÉLÉNA.

Je suis heureuse.

FALIERO.

               Non ; malgré tous vos efforts,
Vos pleurs mal étouffés démentent ce langage ;
Vous me trompez.

ÉLÉNA, à part.

O ciel !

FALIERO.

                 A ma voix prends courage :
Ne laisse pas ton cœur se trahir à demi ;
Sois bonne et confiante avec ton vieil ami ;
Il va t'interroger.

ÉLÉNA, à part.

Je frémis !

FALIERO.

     Ma tendresse
Eût voulu te cacher le doute qui m'oppresse ;
Mais pour m'en affranchir j'ai de puissans motifs :
Un instant quelquefois, un mot, sont décisifs.
Un mot peut disposer de mon sort, de ma vie...

ÉLÉNA.

Qu'entends-je?

FALIERO.

    En me rendant la paix qui m'est ravie.
N'as-tu pas, réponds-moi, par un discours léger,
Un abandon permis que tu crus sans danger,
Un sourire, un regard, par quelque préférence,
Enhardi de Sténo la coupable espérance?

ÉLÉNA, vivement.

Sténo!

FALIERO.

  Non, je le vois; ce dédain l'a prouvé;
Non; pas même un regret par l'honneur réprouvé,
D'un penchant combattu pas même le murmure
Ne t'a parlé pour lui, non, jamais?

ÉLÉNA.

      Je le jure.

FALIERO.

Assez, ma fille, assez. Ah! ne va pas plus loin :

ACTE II, SCÈNE X.

Un serment! ton époux n'en avait pas besoin.

ÉLÉNA.

Je dois...

FALIERO.

Lui pardonner un soupçon qui t'accable :
Il fût mort de douleur en te trouvant coupable.

(La musique recommence et dure jusqu'à la fin de l'acte.)

ÉLÉNA, à part.

Taisons-nous!

FALIERO.

Doux moment! mais je l'avais prévu,
Mon doute est éclairci.

SCÈNE X.

FALIERO, ÉLÉNA, FERNANDO, ISRAEL.

ISRAEL, à Fernando.

Je vous dis qu'on l'a vu.

FERNANDO.

Ici?

ISRAEL.

Lui-même.

FERNANDO.

En vain son masque le rassure.

FALIERO.

Qui donc? parlez.

ISRAEL.

Sténo.

FALIERO.

Sténo!

ÉLÉNA, à part.

J'en étais sûre,
C'était lui.

FALIERO.

Voilà donc comme ils ont respecté
Ma présence et les droits de l'hospitalité!

FERNANDO.

C'en est trop.

FALIERO.

Se peut-il? ton rapport est fidèle?

ISRAEL.

J'affirme devant Dieu ce que je vous révèle.

FALIERO.

Lioni le savait : c'était un jeu pour tous...
J'y pense, un inconnu vous suivait malgré vous.

ÉLÉNA.

J'ignore...

FALIERO.

C'est Sténo.

ACTE II, SCÈNE X.

FERNANDO.

Châtiez son audace.

FALIERO, faisant un pas vers le salon.

Je veux qu'avec opprobre à mes yeux on le chasse.

ÉLÉNA.

Arrêtez.

FALIERO, froidement.

Je vous crois : ne nous plaignons de rien ;
Ce serait vainement ; retirons-nous.

ISRAEL, bas au doge.

Eh bien ?

FALIERO, bas à Israël.

A minuit.

ISRAEL, en sortant.

J'y serai.

FALIERO.

Sortons : je sens renaître
Un courroux dont mon cœur ne pourrait rester maître.

ÉLÉNA.

Vous ne nous suivez pas, Fernando ?

FALIERO.

Non, plus tard.
Reste, et donne un motif à mon brusque départ.
Que Lioni surtout en ignore la cause ;
Il le faut ; d'un tel soin sur toi je me repose.
Point de vengeance ! adieu.

SCÈNE XI.

FERNANDO, seul.

Que j'épargne son sang!
Mais je vous trahirais en vous obéissant!
Mais je dois le punir, mais il tarde à ma rage
Que son masque arraché, brisé sur son visage...
On vient. Dieu? si c'était... Gardons de nous tromper :
Observons en silence, il ne peut m'échapper.

(Il se retire sous une galerie latérale.)

SCÈNE XII.

FERNANDO, STÉNO.

STÉNO, qui est entré avec précaution, en ôtant son masque.

Personne! ah! respirons!

(Il s'assied dans un fauteuil et se sert de son masque comme d'un éventail.)

Que la duchesse est belle!
Je la suivais partout. Point de grace pour elle.

(regardant son masque.)

L'heureuse invention pour tromper un jaloux!
Nuit d'ivresse!... un tumulte! Ah! le désordre est doux;

ACTE II, SCÈNE XII.

Mais il a son excès : tant de plaisir m'accable.

(Dans ce moment on rentre dans la galerie; on s'y promène et l'on y danse.)

FERNANDO, à voix basse.

Je vous cherche, Sténo.

STÉNO.

Moi !

FERNANDO.

Je cherche un coupable.

STÉNO.

Dites un condamné, surpris par trahison.

FERNANDO.

Vous vous couvrez d'un masque, et vous avez raison.

STÉNO, qui se lève en souriant.

Je sais tout le respect qu'un doge a droit d'attendre.

FERNANDO.

Vous le savez si peu, que je veux vous l'apprendre.

STÉNO.

Mes juges, ce matin, l'ont fait impunément ;
Mais une autre leçon aurait son châtiment.

FERNANDO.

Ma justice pourtant vous en réserve une autre.

STÉNO.

C'est un duel ?

FERNANDO.

A mort : ou ma vie, ou la vôtre.

STÉNO.

Dernier des Faliero, je suis sûr de mes coups,
Et respecte un beau nom qui mourrait avec vous.

FERNANDO.

Insulter une femme est tout votre courage.

STÉNO.

Qui la défend trop bien l'insulte davantage.

FERNANDO.

Qu'avez-vous dit, Sténo?

STÉNO.

La vérité, je crois.

FERNANDO.

Vous aurez donc vécu sans la dire une fois.

STÉNO.

Ce mot-là veut du sang.

FERNANDO.

Mon injure en demande.

STÉNO.

Où se répandra-t-il?

FERNANDO.

Pourvu qu'il se répande,
N'importe.

STÉNO.

Où d'ordinaire on se voit seul à seul;
Près de Saint-Jean et Paul?

FERNANDO.

                    Oui, devant mon aïeul.
Je veux rendre à ses pieds votre chute exemplaire.

STÉNO.

Beaucoup me l'avaient dit, aucun n'a pu le faire.

FERNANDO.

Eh bien! ce qu'ils ont dit, j'ose le répéter,
Et ce qu'ils n'ont pas fait, je vais l'exécuter.

STÉNO.

A minuit!

FERNANDO.

      A l'instant!

STÉNO.

              Le plaisir me rappelle;
Mais l'honneur à son tour me trouvera fidèle.

FERNANDO.

Distrait par le plaisir, on s'oublie au besoin.

STÉNO.

Non, ma pitié pour vous ne s'étend pas si loin.

FERNANDO.

J'irai de cet oubli vous épargner la honte.

STÉNO.

C'est un soin généreux dont je vous tiendrai compte.
Nos témoins?

FERNANDO.

Dieu pour moi.

STÉNO.

Pour tous deux.

FERNANDO.

Aujourd'hui
Un de nous deux, Sténo, paraîtra devant lui.

FIN DU DEUXIÈME ACTE.

ACTE TROISIÈME.

La place de Saint-Jean et Paul : l'église d'un côté, le canal de l'autre ; une statue au milieu du théâtre. Près du canal une madone éclairée par une lampe.

SCÈNE I.

PIETRO, BERTRAM; STROZZI, aiguisant un stylet sur les degrés du piédestal.

PIETRO.

Bertram, tu parles trop.

BERTRAM.

Quand mon zèle m'entraîne,
Je ne consulte pas votre prudence humaine.

PIETRO.

J'ai droit d'en murmurer, puisqu'un de tes aveux
Peut m'envoyer au ciel plus tôt que je ne veux.

BERTRAM.

Lioni...

PIETRO.

Je le crains, même lorsqu'il pardonne.

BERTRAM.

Pietro le gondolier ne se fie à personne.

PIETRO.

Pietro le gondolier ne prend pour confidens,
Quand il parle tout haut, que les flots et les vents.

BERTRAM.

Muet comme un des Dix, hormis les jours d'ivresse.

PIETRO.

C'est vrai, pieux Bertram : chacun a sa faiblesse ;
Mais, par le Dieu vivant !...

BERTRAM.

     Tu profanes ce nom.

PIETRO.

Je veux jusqu'au succès veiller sur ma raison.

STROZZI.

Foi de condottiere! si tu tiens ta parole,
A toi le collier d'or du premier que j'immole.

PIETRO.

Que fait Strozzi?

STROZZI.

    J'apprête, aux pieds d'un oppresseur,
Le stylet qui tûra son dernier successeur.

PIETRO.

Le doge?

ACTE III, SCÈNE I.

BERTRAM.

Il insulta, dans un jour de colère,
Un pontife de Dieu durant le saint mystère;
Qu'il meure!

PIETRO.

Je le plains.

STROZZI.

Moi, je ne le hais pas ;
Mais ses jours sont à prix : je frappe.

BERTRAM.

Ainsi ton bras
S'enrichit par le meurtre, et tu vends ton courage.

STROZZI.

Comme Pietro ses chants en côtoyant la plage ;
Comme toi, les objets façonnés par ton art.
Ton ciseau te fait vivre, et moi c'est mon poignard.
L'intérêt est ma loi; l'or, mon but; ma patrie,
Celle où je suis payé ; la mort, mon industrie.

BERTRAM.

Strozzi, ton jour viendra.

PIETRO.

Fais trêve à tes leçons.
Leurs palais sont à nous; j'en veux un : choisissons.

BERTRAM.

Il en est qu'on épargne.

PIETRO.

Aucun. Bertram, écoute :
Si je te croyais faible...

BERTRAM.

On ne l'est pas sans doute,
En jugeant comme Dieu, qui sauve l'innocent.

PIETRO.

Pas un seul d'épargné!

STROZZI.

Pas un!

PIETRO.

Guerre au puissant!

STROZZI.

A son or!

PIETRO.

A ses vins de Grèce et d'Italie!

STROZZI.

Respect aux lois!

PIETRO.

Respect au serment qui nous lie!
Plus de patriciens! qu'ils tombent sans retour;
Et que dans mon palais on me serve à mon tour.

BERTRAM.

Qui donc, Pietro?

STROZZI.

Le peuple : il en faut un peut-être.

PIETRO.

Je veux un peuple aussi ; mais je n'en veux pas être.

BERTRAM.

Si, pour leur succéder, vous renversez les grands,
Sur les tyrans détruits mort aux nouveaux tyrans!

PIETRO, prenant son poignard.

Par ce fer!

BERTRAM, levant le sien.

Par le ciel!

STROZZI, qui se jette entre eux.

Bertram, sois le plus sage.
Vous battre! A la bonne heure au moment du partage.
Rejoignons notre chef qui vous mettra d'accord.

PIETRO.

Plus bas! j'entends marcher : là, debout, près du bord,

(montrant le doge couvert d'un manteau.)

Je vois quelqu'un.

STROZZI, à voix basse.

Veux-tu me payer son silence?
Le canal est voisin.

BERTRAM.

Non, point de violence!

PIETRO.

Bertram a peur du sang.

BERTRAM, à Strozzi.

Viens.

STROZZI.

Soit; mais nous verrons,
Si je le trouve ici quand nous y reviendrons.

(Ils sortent.)

SCÈNE II.

FALIERO.

(Il s'avance à pas lents et s'arrête devant Saint-Jean et Paul.)

Minuit!... personne encor! je croyais les surprendre;
Mais mon rôle commence, et c'est à moi d'attendre.
Mes amis vont venir... Oui, doge, tes amis.
Ils presseront ta main. Dans quels lieux? j'en frémis.
Si le sort me trahit, de qui suis-je complice?
De qui suis-je l'égal, si le sort m'est propice?
De ceux dont nous heurtons la rame ou les filets,
Quand ils dorment à l'ombre au seuil de nos palais.
De pêcheurs, d'artisans une troupe grossière
Va donc de ses lambeaux secouer la poussière,
Pour envahir nos bancs et gouverner l'État?

Voilà mes conseillers, ma cour et mon sénat!...
Mais de nos sénateurs les aïeux vénérables,
Qui sont-ils? des pêcheurs rassemblés sur des sables.
Mes obscurs conjurés sont-ils moins à mes yeux?
Des nobles à venir j'en ferai les aïeux,
Et si mon successeur reçoit d'eux un outrage,
Il suivra mon exemple en brisant mon ouvrage.
Je vengerai l'honneur de ceux dont j'héritai,
Et le tiendrai sans tache à leur postérité.

SCÈNE III.

FALIERO, ISRAEL, BERTRAM, PIETRO, STROZZI, conjurés.

ISRAEL.
Hâtons-nous : c'est ici; l'heure est déjà passée.
STROZZI.
Pietro, Bertram et moi, nous l'avions devancée;
Mais tu ne venais pas.
ISRAEL.
    Tous sont présens?
STROZZI.
        Oui, tous,
Hors quelques-uns des miens qui veilleront sur nous;

Braves dont je réponds.

PIETRO.

Et trois de mes fidèles,
Couchés, sur le canal, au fond de leurs nacelles;
Leur voix doit au besoin m'avertir du danger.

ISRAEL.

(à Pietro.) (au doge, retiré dans un coin de la scène.)
Bien!... Je comptais sur vous.

BERTRAM.

Quel est cet étranger?

FALIERO.

Un protecteur du peuple.

ISRAEL.

Un soutien de sa cause,
Et celui que pour chef Israël vous propose.

PIETRO.

Qui peut te remplacer?

ISRAEL.

Un plus digne.

STROZZI.

Son nom?

FALIERO, s'avançant et se découvrant.

Faliero!

PIETRO.

C'est le doge!

ACTE III, SCÈNE III.

TOUS.

Aux armes, trahison!

STROZZI.

Frappons : meure avec lui le traître qui nous livre.

ISRAEL.

Qu'un de vous fasse un pas, il a cessé de vivre.

BERTRAM.

Attendons, pour frapper, le signal du beffroi.

FALIERO.

J'admire ce courage enfanté par l'effroi :
Tous, le glaive à la main, contre un vieillard sans armes!
Leur père!... Pour qu'un glaive excite ses alarmes,
Enfans, la mort et lui se sont vus de trop près,
Et tous deux l'un pour l'autre ils n'ont plus de secrets.
Elle aurait quelque peine à lui sembler nouvelle,
Depuis quatre-vingts ans qu'il se joue avec elle.
Je viens seul parmi vous, et c'est vous qui tremblez !
Ce sont là les grands cœurs par ton choix rassemblés,
Ces guerriers qui voulaient, dans leur zèle héroïque,
D'un ramas d'oppresseurs purger la république,
Destructeurs du sénat, l'écraser, l'abolir?
D'un vieux patricien le nom les fait pâlir.
Que tes braves amis cherchent qui les commande.
Pour mon sang, le voilà ! qu'un de vous le répande :
Toi, qui le menaçais, toi, qui veux m'immoler,

Vous tous... Mais de terreur je vous vois reculer.
Allons! pas un d'entre eux, je leur rends cet hommage,
N'est assez lâche, au moins, pour avoir ce courage.

STROZZI.

Il nous fait honte, amis!

BERTRAM.

Nous l'avons mérité.
Avant qu'on le punisse il doit être écouté.

ISRAEL.

Vos soldats, Faliero, sont prêts à vous entendre.

FALIERO.

Eh bien! à leur parler je veux encor descendre.
Est-ce un tyran qu'en moi vous prétendez punir?
Ma vie est, jour par jour, dans plus d'un souvenir :
Déroulez d'un seul coup cette vaste carrière.
Mes victoires! passons : je les laisse en arrière;
Mon règne devant vous, pour vous imposer moins,
Récuse en sa faveur ces glorieux témoins.
Quand vous ai-je opprimés? qui de vous fut victime?
Qui peut me reprocher un acte illégitime?
Il est juge à son tour, celui qui fut martyr;
C'est avec son poignard qu'il doit me démentir.
Justes, puis-je vous craindre? ingrats, je vous défie.
Vous l'êtes : c'est pour vous que l'on me sacrifie;
C'est en vous défendant que sur moi j'amassai

Ce fardeau de douleurs dont le poids m'a lassé.
Pour vous faire innocens, je me suis fait coupable,
Et le plus grand de vous est le plus misérable.
Jugez-moi : le passé fut mon seul défenseur;
Êtes-vous des ingrats, ou suis-je un oppresseur?

BERTRAM.

Si Dieu vous couronnait, vous le seriez peut-être.

FALIERO.

Vous savez qui je fus, voici qui je veux être :
Votre vengeur d'abord. Vous exposez vos jours;
Le succès à ce prix ne s'obtient pas toujours;
Toujours la liberté : qui périt avec gloire,
S'affranchit par la mort comme par la victoire.
Mais le succès suivra vos desseins généreux,
Si je veux les servir : compagnons, je le veux.
La cloche de Saint-Marc à mon ordre est soumise;
Trois coups, et tout un peuple est debout dans Venise :
Ces trois coups sonneront. Mes cliens sont nombreux,
Mes vassaux plus encor : je m'engage pour eux.
Frappez donc! dans son sang noyez la tyrannie;
Venise en sortira, mais libre et rajeunie.
Votre vengeur alors redevient votre égal.
Des débris d'un corps faible à lui-même fatal,
D'un état incertain, république ou royaume,
Qui n'a ni roi, ni peuple, et n'est plus qu'un fantôme,

Formons un État libre où régneront les lois;
Où les rangs mérités s'appuîront sur les droits,
Où les travaux, eux seuls, donneront la richesse;
Les talens, le pouvoir; les vertus, la noblesse.
Ne soupçonnez donc pas que, dans la royauté,
L'attrait du despotisme aujourd'hui m'ait tenté.
Se charge qui voudra de ce poids incommode!
Mes vœux tendent plus haut : oui, je fus prince à Rhode,
Général à Zara, doge à Venise; eh bien!
Je ne veux pas descendre, et me fais citoyen.

PIETRO, en frappant sur l'épaule du doge.

C'est parler dignement!

(Le doge se recule avec un mouvement involontaire de dédain.)

       D'où vient cette surprise?
Entre égaux...

ISRAEL.

    De ce titre en vain on s'autorise
Pour sortir du respect qu'on doit à la vertu :
Vous, égaux! à quel siége as-tu donc combattu?
Sur quels bords? dans quels rangs? s'il met bas sa naissance,
Sa gloire au moins lui reste, et maintient la distance.
Il reste grand pour nous, et doit l'être en effet,
Moins du nom qu'il reçut que du nom qu'il s'est fait.
Sers soixante ans Venise ainsi qu'il l'a servie;
Risque vingt fois pour elle et ton sang et ta vie;

Mets vingt fois sous ses pieds un pavillon rival,
Et tu pourras alors te nommer son égal!

PIETRO.

Si par ma liberté j'excite sa colère,
Il est trop noble encor pour un chef populaire.

FALIERO.

Moi, t'en vouloir! pourquoi? Tu n'avais aucun tort,
Aucun. Ta main, mon brave, et soyons tous d'accord!
Je me dépouille aussi de ce nom qui vous gêne :
Pour l'emporter sur vous mon titre c'est ma haine.
Vos tyrans sont les miens; sur mon trône enchaîné,
Flétri, j'osai me plaindre, et je fus condamné;
Je condamne à mon tour. Mourant, je me relève,
Et sans pitié comme eux, terrible, armé du glaive,
Un pied dans le cercueil, je m'arrête, et j'en sors
Pour envoyer les Dix m'annoncer chez les morts.
Mais prince ou plébéien, que je règne ou conspire,
Je ne puis échapper aux soupçons que j'inspire.
Les vôtres m'ont blessé. Terminons ce débat :
Qui me craignait pour chef me veut-il pour soldat?
Je courbe devant lui ma tête octogénaire,
Et je viens dans vos rangs servir en volontaire.
Faites un meilleur choix, il me sera sacré;
Quel est celui de vous à qui j'obéirai?

ISRAEL.

C'est à nous d'obéir.

BERTRAM.

Je donnerai l'exemple.
Un attentat par vous fut commis dans le temple ;
Expiez votre faute en vengeant les autels.

FALIERO.

Je serai l'instrument des décrets éternels.

STROZZI.

Aux soldats étrangers on a fait des promesses;
Les tiendrez-vous?

FALIERO, lui jetant une bourse.

Voici mes premières largesses.

PIETRO.

Mes gondoliers mourront pour leur libérateur.

FALIERO.

Tel qui fut gondolier deviendra sénateur.

TOUS.

Honneur à Faliero!

ISRAEL.

Jurez-vous de le suivre?

TOUS.

Nous le jurons!

ISRAEL.

Eh bien! que son bras nous délivre!

(au doge.)

Quand voulez-vous agir?

FALIERO.

Au lever du soleil.

BERTRAM.

Si tôt!

FALIERO.

Toujours trop tard dans un projet pareil.
Bien choisir l'heure est tout pour le succès des hommes.
Le hasard devient maître au point où nous en sommes ;
Qui sait s'il veut nous perdre ou s'il doit nous servir?
Otez donc au hasard ce qu'on peut lui ravir.

BERTRAM.

Mais tous périront-ils?

PIETRO.

Sous leurs palais en cendre.

ISRAEL.

Il faut achever l'œuvre, ou ne pas l'entreprendre.
Bertram, qu'un d'eux survive au désastre commun,
En lui tous revivront; ainsi tous, ou pas un :
Le père avec l'époux, le frère avec le frère,
Tous, et jusqu'à l'enfant sur le corps de son père!

BERTRAM.

Faliero seul commande et doit seul décider.

ISRAEL, au doge.

Prononcez !

FALIERO, en s'avançant sur le devant de la scène, tandis que les conjurés attendent avec anxiété sa décision.

Les cruels ! qu'osent-ils demander !
Mes mains se résignaient à leur sanglant office ;
Mais prendre sur moi seul l'horreur du sacrifice !...
Adieu, vivans récits de nos premiers combats !
Je ne verrai donc plus, en lui tendant les bras,
Sur le front d'un vieillard rajeuni par ma vue,
Un siècle d'amitié m'offrir la bienvenue.

ISRAEL, avec impatience.

Eh quoi ! vous balancez ?

UN GONDOLIER, hors de la scène.

« Gondolier, la mer t'appelle ;
« Pars et n'attends pas le jour.

PIETRO.

C'est un avis : silence !

LE GONDOLIER.

« Adieu, Venise la belle ;
« Adieu, pays, mon amour !

ISRAEL.

Un importun s'approche ; évitons sa présence.

LE GONDOLIER.

« Quand le devoir l'ordonne,

« Venise, on t'abandonne,
« Mais c'est sans t'oublier.

FALIERO.

Que chacun à ma voix revienne au rendez-vous,
Et sans nous éloigner, amis, séparons-nous.

LE GONDOLIER.

« Que saint Marc et la Madone
« Soient en aide au gondolier! »

(Pendant ces deux derniers vers et la reprise, les conjurés sortent d'un côté. Une gondole s'arrête sur le canal; Fernando et Sténo en descendent.)

SCÈNE IV.

FERNANDO, STÉNO.

FERNANDO. (Il tire son épée, et d'une voix étouffée par la fureur :)

L'instant est favorable, et la place est déserte!

STÉNO, avec calme.

Du sang-froid, Fernando; vous cherchez votre perte.

FERNANDO.

Défends-toi.

STÉNO.

Calmez-vous : je prévois votre sort.

FERNANDO.

Le tien.

STÉNO.

Je dois...

FERNANDO.

Mourir, ou me donner la mort.
En garde!

STÉNO, tirant son épée.

Il le faut donc; mais c'est pour ma défense.

FERNANDO.

Enfin ta calomnie aura sa récompense.

(Ils combattent.)

STÉNO.

Vous êtes blessé.

FERNANDO.

Non.

STÉNO.

Votre sang coule.

FERNANDO.

Eh bien,
Celui que j'ai perdu va se mêler au tien :
Meurs, lâche!

STÉNO.

Vaine atteinte! et la mienne...

FERNANDO.

Ah! j'expire.

(Il chancelle et tombe sur les degrés du piédestal de la statue.)

La fortune est pour vous.

STÉNO.

Mais je dois la maudire,
Et je veux...

FERNANDO.

Laissez-moi, non; j'aurai des secours.

(avec force.)

On vient. Non, rien de vous! Fuyez, sauvez vos jours.

(Sténo s'éloigne, tandis que les conjurés accourent et se répandent sur la place.)

SCÈNE V.

FERNANDO, FALIERO, ISRAEL, BERTRAM, PIETRO, STROZZI, CONJURÉS.

ISRAEL.

Un des deux est tombé.

FALIERO.

Jusqu'à nous parvenue,
Cette voix... ah! courons!... cette voix m'est connue.
C'est Fernando, c'est lui!

FERNANDO.

Le doge!

FALIERO.

O désespoir!

O mon fils! qu'as-tu fait, mon fils!

FERNANDO.

Moi, vous revoir,
Expirer à vos pieds!... Dieu juste!

FALIERO.

Je devine
Par quel bras fut porté le coup qui t'assassine :
Par eux, toujours par eux! Ils m'auront tout ravi.
Du trépas de Sténo le tien sera suivi.

FERNANDO.

Il s'est conduit en brave.

FALIERO.

O trop chère victime,
Que de ce cœur brisé la chaleur te ranime!
N'écarte pas la main qui veut te secourir...
Mon fils! si près de toi, je t'ai laissé périr!
Mon espoir! mon orgueil!... je n'ai pu le défendre.
Au cercueil, avant moi, c'est lui qui va descendre,
Et ma race avec lui!

FERNANDO.

C'en est fait, je le sens...
Ne me prodiguez plus des secours impuissans.
Une sueur glacée inonde mon visage...

FALIERO.

Que fais-tu?

FERNANDO, essayant de se soulever.

Je voudrais... donnez-m'en le courage,
O Dieu !

FALIERO.

D'où naît l'horreur qui semble te troubler?

FERNANDO.

Je veux... c'est à genoux que je veux vous parler.
Je ne puis...

FALIERO, le serrant dans ses bras.

Sur mon cœur ! sur mon cœur !

FERNANDO.

Ah ! mon père,
Grace ! pardonnez-moi.

FALIERO.

Quoi ! ta juste colère ?
C'est celle d'un bon fils.

FERNANDO.

Grace ! Dieu vous entend :
Désarmez le courroux de ce Dieu qui m'attend.

FALIERO.

Comment punirait-il ta désobéissance ?
L'arrêt qui doit t'absoudre est prononcé d'avance.
Je te bénis. En paix de mon sein paternel
Va déposer ton ame au sein de l'Éternel.
Ne crains pas son courroux ; fût-il inexorable,

Il ne trouverait plus où frapper le coupable ;
Je t'ai couvert, mon fils, de pardons et de pleurs.

FERNANDO.

Mon père, embrassez-moi. Venise... et toi... je meurs.

ISRAEL, à Faliero après un moment de silence.

Balancez-vous encor?

FALIERO, qui se relève en ramassant l'épée de Fernando.

L'arme qui fut la sienne
De sa main défaillante a passé dans la mienne :
Juge donc si ce fer, témoin de son trépas,
Au moment décisif doit reculer d'un pas.
Vengeance!... Au point du jour!... Pour quitter sa demeure,
Que chacun soit debout dès la quatrième heure.
Au portail de Saint-Marc, par différens chemins,
Vous marcherez, le fer et le feu dans les mains,
En criant : Trahison ! sauvons la république !
Aux armes ! les Génois sont dans l'Adriatique !
Le beffroi sur la tour s'ébranle à ce signal ;
Les nobles, convoqués par cet appel fatal,
Pour voler au conseil, en foule se répandent
Dans la place où déjà vos poignards les attendent.
A l'œuvre ! ils sont à nous : courez, moissonnez-les !
Qu'ils tombent par milliers sur le seuil du palais.

(à Strozzi.)

Toi, si quelqu'un d'entre eux échappait au carnage,

Du pont de Rialto ferme-lui le passage.

(à Bertram.) (à Piétro.)

Toi, surprends l'arsenal. Toi, veille sur le port.
Israël, à Saint-Marc; moi, partout où la mort
Demande un bras plus ferme et des coups plus terribles.
Relevez de mon fils les restes insensibles :
Mais, par ces tristes jours dont il était l'appui,
Par ces pleurs menaçans, jurez-moi, jurez-lui
Qu'au prochain rendez-vous où les attend son ombre,
Pas un ne manquera, si grand que soit leur nombre;
Qu'ils iront à sa suite unir en périssant
Le dernier de leur race au dernier de mon sang.
Par vos maux, par les miens, par votre délivrance,
Jurez tous avec moi : Vengeance, amis!

TOUS, excepté Bertram, en étendant leurs épées sur le cadavre de Fernando.

Vengeance!

FIN DU TROISIÈME ACTE.

ACTE QUATRIÈME.

Le palais du doge : même décoration qu'au premier acte.

SCÈNE I.

(Éléna est assise, le coude appuyé sur une table : elle dort.)

ÉLÉNA, FALIERO.

FALIERO, qui entre par une des portes latérales.

Qu'ils ramaient lentement dans ces canaux déserts !
Le vent du midi règne ; il pèse sur les airs,
Il m'oppresse, il m'accable... Expirer avant l'âge,
Lui que je vis hier s'élancer sur la plage,
Franchir d'un pas léger le seuil de ce séjour !
Il arrivait joyeux : aujourd'hui quel retour !

(apercevant la duchesse.)

Éléna m'attendait dans ses habits de fête.
Sa parure de bal couronne encor sa tête.
Le deuil est là, près d'elle ; et, le front sous les fleurs,
Elle a fermé ses yeux sans prévoir de malheurs.
Laissons-les du sommeil goûter en paix les charmes ;

Ils ne se rouvriraient que pour verser des larmes.

ÉLÉNA, endormie.

Hélas !

FALIERO.

D'un rêve affreux son cœur est agité;
Moins affreux cependant que la réalité :
Bientôt...

ÉLÉNA, de même.

Mort de douleur... en te trouvant... coupable.

FALIERO.

D'un soupçon qui l'outrage ô suite inévitable !
Jusque dans son repos, dont le calme est détruit,
De mon funeste aveu le souvenir la suit.
Chère Éléna !

ÉLÉNA, s'éveillant.

Qu'entends-je ? où suis-je ? qui m'appelle ?

FALIERO.

Ton ami.

ÉLÉNA.

Vous ! c'est vous !

FALIERO.

A mes désirs rebelle,
Par tendresse, il est vrai, pourquoi m'attendre ainsi ?

ÉLÉNA.

Que vous avez tardé !

ACTE IV, SCÈNE I.

FALIERO.

Je l'ai dû.

ÉLÉNA.

Vous voici !
C'est vous !... Dieu ! quels tourmens m'a causés votre absence !
Je marchais, j'écoutais : dans mon impatience,
Quand le bruit d'une rame éveillait mon espoir,
J'allais sur ce balcon me pencher pour vous voir.
La gondole en passant m'y laissait immobile ;
Tout, excepté mon cœur, redevenait tranquille.
J'ai vû les astres fuir et la nuit s'avancer,
Et des palais voisins les formes s'effacer,
Et leurs feux, qui du ciel perçaient le voile sombre,
Éteints jusqu'au dernier, disparaître dans l'ombre.
Que l'attente et la nuit alongent les momens !
Je ne pouvais bannir mes noirs pressentimens.
Je tressaillais de crainte, et pourquoi ? Je l'ignore.

FALIERO.

Tu trembles sur mon sein.

ÉLÉNA.

Quand donc viendra l'aurore ?
Oh ! qu'un rayon du jour serait doux pour mes yeux !
Funeste vision !... quelle nuit ! quels adieux !
Il m'a semblé... j'ai cru... l'abîme était horrible,
Et mes bras que poussait une force invincible,

Vous traînaient, vous plongeaient dans cet abîme ouvert,
Malgré moi, mais toujours, toujours!... Que j'ai souffert!
J'entends encor ce cri qui du tombeau s'élève,
Qui m'accuse... O bonheur! je vous vois, c'est un rêve!

FALIERO.

Ne crains plus.

ÉLÉNA.

Loin de moi quel soin vous appelait?

FALIERO.

Tu le sauras.

ÉLÉNA.

Si tard! dans l'ombre!...

FALIERO.

Il le fallait.

ÉLÉNA.

Pour vous accompagner pas un ami?

FALIERO.

Personne.

ÉLÉNA.

Pas même Fernando?

FALIERO.

Lui, grand Dieu!

ÉLÉNA.

Je frissonne.

Vous cachez dans vos mains votre front abattu.

O ciel ! du sang !

FALIERO.

Déjà ?

ÉLÉNA.

Le vôtre ?

FALIERO.

Que dis-tu ?
Que n'est-il vrai !

ÉLÉNA.

Parlez !

FALIERO.

Un autre !...

ÉLÉNA.

Osez m'instruire.
Qui ? J'aurai du courage, et vous pouvez tout dire :
Qui donc ?

FALIERO.

Il n'est plus temps de te cacher son sort ;
Sous mes yeux Fernando...

ÉLÉNA.

Vous pleurez ; il est mort.

FALIERO.

Digne de ses aïeux, pour une juste cause ;
La tienne !

ÉLÉNA.

C'est pour moi!

FALIERO.

Près de nous il repose,
Mais froid comme ce marbre, où, penché tristement,
Je pleurais, j'embrassais son corps sans mouvement;
Pleurs qu'il ne sentait plus, douce et cruelle étreinte
Qui n'a pu ranimer une existence éteinte!
J'ai trouvé sur son cœur réchauffé par ma main
Ce tissu malheureux qui le couvrait en vain :
Quelque gage d'amour!

(Il présente à Éléna une écharpe qu'il tire de son sein.)

ÉLÉNA, qui la saisit.

La force m'abandonne.
Objet funeste, affreux!

FALIERO.

Ah! qu'ai-je fait? pardonne.
J'aurais dû t'épargner...

ÉLÉNA.

Non! c'est mon châtiment.
Ne m'accusait-il pas à son dernier moment?
Lui qui mourait pour moi!... Fernando!...

FALIERO.

Je l'atteste
Par son sang répandu, par celui qui me reste,

Ceux qui causent nos maux gémiront à leur tour.

ÉLÉNA.

Nuit d'horreur!

FALIERO.

Que doit suivre un plus horrible jour.

ÉLÉNA.

Le deuil, à son lever, couvrira ces murailles.

FALIERO.

Ce jour se lèvera sur d'autres funérailles.

ÉLÉNA.

Quoi!...

FALIERO.

La mort est ici, mais elle en va sortir.

ÉLÉNA.

Quel projet formez-vous?

FALIERO.

Prête à les engloutir,
Du sénat et des Dix la tombe est entr'ouverte.

ÉLÉNA.

Par vous?

FALIERO.

Pour te venger.

ÉLÉNA.

Vous conspirez?

FALIERO.

Leur perte.

ÉLÉNA.

Vous!

FALIERO.

Des bras généreux qui s'unissent au mien
Sont armés pour punir mes affronts et le tien.

ÉLÉNA.

Ciel! une trahison, et vous l'avez conçue!
Abjurez un dessein dont je prévois l'issue.
N'immolez pas Venise à vos ressentimens :
Venise, qui du doge a reçu les sermens,
Est votre épouse aussi, mais fidèle, mais pure,
Mais digne encor de vous...

FALIERO.

Moins que toi! Leur injure
Rend tes droits plus sacrés.

ÉLÉNA.

Eh bien, si c'est pour moi
Que vos jours en péril, que votre honneur...

FALIERO.

Tais-toi!

ÉLÉNA, à part.

Qu'allais-je faire, ô ciel!

FALIERO.

Tais-toi : quelqu'un s'avance.

SCÈNE II.

FALIERO, ÉLÉNA, VICENZO.

VICENZO.

Le seigneur Lioni demande avec instance
Une prompte entrevue...

FALIERO.

A cette heure?

VICENZO.

A l'instant,
Pour révéler au doge un secret important.

FALIERO.

Lioni!

VICENZO.

Devant vous faut-il qu'on l'introduise?
Il y va, m'a-t-il dit, du salut de Venise.

FALIERO.

Attendez : est-il seul?

VICENZO.

Les seigneurs de la nuit
Entourent un captif que vers vous il conduit.

FALIERO.

L'a-t-on nommé?

VICENZO.

Bertram.

FALIERO, bas.

Bertram !

ÉLÉNA, bas au doge.

Ce nom vous trouble.

FALIERO.

(à Éléna.) (à Vicenzo.)
Moi !... Qu'ils viennent tous deux.

SCÈNE III.

ÉLÉNA, FALIERO.

FALIERO, à Éléna.

Sors !

ÉLÉNA.

Ma frayeur redouble.
Ce Bertram...

FALIERO.

Ne crains rien.

ÉLÉNA.

C'est un des conjurés?

FALIERO.

Calme-toi.

ACTE IV, SCÈNE IV.

ÉLÉNA.

Je ne puis.

FALIERO.

Mais vous me trahirez ! Sortez !

ÉLÉNA.

Non, je suis calme.

SCÈNE IV.

FALIERO, ÉLÉNA, LIONI, BERTRAM.

LIONI, s'avançant vers le doge.

Un complot nous menace.
De ce noir attentat j'ai découvert la trace,
Et j'accours...

(Il s'arrête en voyant Éléna.

Mais pardon !

FALIERO.

Madame, laissez-nous.

ÉLÉNA.

Affreuse incertitude !

SCÈNE V.

FALIERO, LIONI, BERTRAM.

FALIERO, froidement à Lioni.
>Eh bien, que savez-vous?

J'écoute.

LIONI.
J'étais seul, en proie à la tristesse
Qui suit parfois d'un bal le tumulte et l'ivresse,
De je ne sais quel trouble agité sans raison.
Un homme, c'était lui, client de ma maison,
Que j'honorai long-temps d'une utile assistance,
Et qui m'a dû tantôt quelque reconnaissance,
Réclame la faveur de me voir en secret.
Écarté par mes gens, il insiste; on l'admet.
« Devant Dieu, me dit-il, voulez-vous trouver grace?
« Ne sortez pas demain. » Je m'étonne; à voix basse,
L'œil humide, il ajoute en me serrant la main,
« Je suis quitte avec vous; ne sortez pas demain. »
Et pourquoi?... Les regards inclinés vers la terre,
Immobile, interdit, il s'obstine à se taire.
J'épiais sa pâleur de cet œil pénétrant

ACTE IV, SCÈNE V.

Dont je cherche un aveu sur le front d'un mourant ;
Je le presse ; il reprend d'une voix solennelle :
« Si la cloche d'alarme à Saint-Marc vous appelle,
« N'y courez pas. Adieu ! » Je le retiens alors :
On l'entoure à ma voix, on l'arrête ; je sors ;
Quatre rameurs choisis sautent dans ma gondole,
Il y monte avec moi : je fais un signe ; on vole,
Et je l'amène ici, pour qu'au chef de l'État
Un aveu sans détour dénonce l'attentat.

FALIERO.

Il n'a rien dit de plus ?

LIONI.

Mais il doit tout vous dire.
Je ne suis pas le seul contre qui l'on conspire.
Si j'en crois mes soupçons, Venise est en danger :
Qu'il s'explique, il le faut.

FALIERO.

Je vais l'interroger.

(Il s'assied entre Bertram et Lioni, qui est appuyé sur le dos de son fauteuil.)

(à Bertram.)

Approchez. Votre nom ?

BERTRAM.

Bertram.

LIONI, bas au doge.

On le révère;
On cite à Rialto sa piété sévère :
Parlez-lui du ciel.

FALIERO.
(à Lioni.)

Oui. Bertram, regardez-moi.

BERTRAM.

Seigneur...

LIONI.

Levez les yeux.

FALIERO.

N'ayez aucun effroi.

LIONI.

Si tu ne caches rien, ta grace est assurée.

FALIERO.

Je sauverai vos jours, ma parole est sacrée;
Vous savez à quel prix?

BERTRAM.

Je le sais.

FALIERO.

Descendez
Au fond de votre cœur, Bertram, et répondez,
Quand vous aurez senti si votre conscience
Vous fait ou non la loi de rompre le silence...

LIONI.

Quels sont les intérêts dont tu vas disposer.

FALIERO.

Et quels jours précieux vous pouvez exposer.

BERTRAM.

J'ai parlé; mon devoir m'ordonnait de le faire.

LIONI.

Achève.

FALIERO.

Et maintenant il vous force à vous taire,
Si je vous comprends bien?

BERTRAM.

Il est vrai.

LIONI.

L'Éternel
Te défend de cacher un projet criminel.

FALIERO.

Ce projet, quel est-il?

BERTRAM.

Je n'ai rien à répondre.

LIONI.

Mais ton premier aveu suffit pour te confondre.

BERTRAM.

Une voix m'avait dit : Sauve ton bienfaiteur.

LIONI.

Je suis donc menacé?

FALIERO.

Lui seul?

LIONI.

Quel est l'auteur,
Le chef de ce complot?

FALIERO.

Parlez.

BERTRAM.

Qu'il me pardonne;
J'ai voulu vous sauver, mais sans trahir personne.

LIONI.

Serais-tu son complice?

FALIERO.

Ou seulement un bruit,
Quelque vague rapport vous aurait-il instruit?

BERTRAM.

Je ne mentirai pas.

LIONI.

Alors que dois-je craindre?
Quel poignard me poursuit? où, quand doit-il m'atteindre?
Comment?

BERTRAM.

De ce péril j'ai dû vous avertir;

C'est à vous désormais de vous en garantir.
Ma tâche est remplie.

LIONI.

Et la nôtre commence :
Les douleurs vont bientôt...

BERTRAM, faisant un pas vers le doge.

Quoi ! vous...

FALIERO.

Notre clémence
Suspend encor l'emploi de ce dernier moyen.
(bas à Lioni.)
Réduit au désespoir, il ne vous dirait rien.

LIONI.
(bas au doge.) (à Bertram.)
Il faiblit. Tu l'entends, nous voulons tout connaître.
Songe que Dieu t'écoute.

FALIERO.

Et qu'il punit le traître.

BERTRAM.

Malheureux !

LIONI.

Que tu peux mourir dans les tourmens,
Sans qu'on te donne un prêtre à tes derniers momens.

BERTRAM.

Dieu ! qu'entends-je ?

FALIERO.

Oui, demain.

LIONI.

N'accordons pas une heure,
Non; pas même un instant: qu'il s'explique, ou qu'il meure.

BERTRAM.

Je ne résiste plus.

LIONI.

Parle donc.

BERTRAM.

Eh bien!...

FALIERO, se levant.

Quoi?

BERTRAM.

Je vais tout dire.

LIONI.

Enfin!

BERTRAM, au doge.

A vous seul.

FALIERO.

Suivez-moi.

(faisant un signe à Lioni.)

Je reviens.

SCÈNE VI.

LIONI.

Il me sauve, et c'est moi qu'il redoute!
Le doge l'épargnait ; mais par bonté sans doute.
Ces longs ménagemens me semblaient superflus :
Pour un patricien qu'aurait-il fait de plus ?
Il interrogeait mal ; point d'art! aucune étude !
Mais a-t-il, comme nous, cette froide habitude
De marcher droit au but, sans pitié, sans courroux,
Et, si la mort d'un seul importe au bien de tous,
De voir dans la torture, à nos yeux familière,
Le chemin le plus court qui mène à la lumière ?...
C'est étrange : Bertram frémit en l'abordant,
Et ne veut à la fin que lui pour confident.
On eût dit qu'en secret leurs yeux d'intelligence...
Voilà de mes soupçons ! J'ai tort : de l'indulgence !
Par l'âge et les travaux le doge est affaibli.
Mais au dernier moment d'où vient qu'il a pâli ?
Réfléchissons : j'arrive, et, contre mon attente,
Il est debout ; pourquoi ? Point d'affaire importante :
Quel soin l'occupait donc ? Mon aspect l'a troublé ;
Il s'est remis soudain, mais il avait tremblé.
Il nourrit contre nous une implacable haine :

S'il osait... Lui, jamais!... Chancelante, incertaine,
La duchesse en partant semblait craindre mes yeux.
Son effroi la ramène ; il faut l'observer mieux ;
Je lirai dans son cœur.

SCÈNE VII.

LIONI, ÉLÉNA, dans le plus grand trouble.

LIONI.

Votre altesse, j'espère,
D'une grave entrevue excuse le mystère.

ÉLÉNA.

Il ne m'appartient pas d'en sonder les secrets.
Mais le doge est absent ?...

LIONI.

Pour de grands intérêts.
Puis-je sans trop d'orgueil penser qu'une soirée
Où d'hommages si vrais je vous vis entourée,
Vous a laissé, madame, un heureux souvenir ?

ÉLÉNA.

(à part.)

Charmant : j'y pense encor. Qui peut le retenir ?
(à Lioni.)
Ce prisonnier sans doute occupe son altesse ?

LIONI.

Lui-même. Qu'avez-vous?

ÉLÉNA.

Rien.

LIONI.

Il vous intéresse?

ÉLÉNA.

Moi! mais c'est la pitié qui m'intéresse à lui :
Je plains un malheureux. Et son sort aujourd'hui...

LIONI, avec indifférence.

Sera celui de tous.

ÉLÉNA, à part.

Que dit-il?

LIONI, à part.

Elle tremble.

ÉLÉNA.

D'autres sont accusés?

LIONI, froidement.

Tous périront ensemble.

Il a fait tant d'aveux!

ÉLÉNA, vivement.

A vous, seigneur?

LIONI.

Du moins

Au doge qui l'écoute.

ÉLÉNA.

Au doge, et sans témoins?

LIONI.

Sans témoins.

ÉLÉNA, à part.

O bonheur!

LIONI, à part.

Ce mot l'a rassurée.

(à Éléna.)

Mais votre altesse hier s'est trop tôt retirée.
Ce bal semblait lui plaire, et le doge pourtant
Ne l'a de sa présence honoré qu'un instant.

ÉLÉNA.

Ses travaux lui rendaient le repos nécessaire.

LIONI.

Il veille encor?

ÉLÉNA, vivement.

C'est moi, je dois être sincère,
C'est moi qui, fatiguée...

LIONI.

Et vous veillez aussi...
Pour ne le pas quitter?

ÉLÉNA.

Seule, inquiète ici,
J'attendais...

LIONI, vivement.

Qu'il revînt? Une affaire soudaine
L'a contraint de sortir?

ÉLÉNA.

Non; mais sans quelque peine
Je ne pouvais penser que chez lui de retour
Un travail assidu l'occupât jusqu'au jour;
Et vous partagerez la crainte que m'inspire
Un tel excès de zèle.

LIONI.

En effet.

ÉLÉNA, à part.

Je respire.

LIONI, à part.

J'avais raison.

ÉLÉNA.

Il vient.

SCÈNE VIII.

ÉLÉNA, LIONI, FALIERO.

FALIERO, qui prend Lioni à part.

Le coupable a parlé.

LIONI.

Eh bien, seigneur?

FALIERO.

Plus tard le conseil assemblé
Apprendra par mes soins tout ce qu'il doit apprendre.
Sous le pont des Soupirs Bertram vient de descendre :
Reposez-vous sur moi, sans vous troubler de rien ;
Je ferai mon devoir.

LIONI, à part après s'être incliné.

Je vais faire le mien.

SCÈNE IX.

ÉLÉNA, FALIERO.

FALIERO.

La victoire me reste !

ÉLÉNA.

A quoi tient votre vie !

FALIERO.

Qu'importe ? elle est sauvée.

ÉLÉNA.

Un mot vous l'eût ravie.

FALIERO.

Du cachot de Bertram ce mot ne peut sortir :
Renais à l'espérance.

ÉLÉNA.

Et comment la sentir?
Mon cœur s'est épuisé dans cette angoisse affreuse;
Plaignez-moi, je n'ai pas la force d'être heureuse.

FALIERO.

Une heure encor d'attente!

ÉLÉNA.

Un siècle de douleurs,
Quand je crains pour vos jours!

FALIERO.

Qu'ils tremblent pour les leurs!
Adieu.

ÉLÉNA.

Vous persistez?

FALIERO.

Mourir, ou qu'ils succombent!

ÉLÉNA.

Vous mourrez!... C'est sur vous que vos projets retombent!
Ma terreur me le dit. C'est Dieu, mon cœur le sent,
C'est Dieu qui m'a parlé, la mort, la voix du sang.
C'est Fernando, c'est lui dont le sort vous menace,
Qui du doigt au cercueil m'a montré votre place.
Voulez-vous me laisser seule entre deux tombeaux?
Grace! J'ai tant pleuré, ne comblez pas mes maux.
Cédez; vous n'irez pas! non: grace! il faut me croire.

Grace pour moi, pour vous, pour soixante ans de gloire.

FALIERO.

Mais ma gloire, c'est toi : ton époux, ton soutien
Perdra-t-il son honneur en mourant pour le tien?
Je ne venge que lui.

ÉLÉNA.

Que lui!

FALIERO.

Pour le défendre
Ma confiance en toi m'a fait tout entreprendre.
Sur ton pieux respect, sur ta jeune raison,
Si je me reposais avec moins d'abandon;
Pour lui faire un tourment de ma terreur jalouse,
Avili par mon choix, si j'aimais une épouse
Qui, chargée à regret du fardeau de mes ans,
Pourrait à leurs dédains livrer mes cheveux blancs;
Non, non, je n'irais pas, combattu par mes doutes,
Affronter les périls que pour moi tu redoutes.

ÉLÉNA.

Grand Dieu!

FALIERO.

Je n'irais pas, follement irrité,
Pour venger de son nom l'opprobre mérité,
Pour elle, pour sa cause et ses jours méprisables,
Ternir un siècle entier de jours irréprochables.

Non; courbé sous sa honte et cachant ma douleur,
Je n'aurais accusé que moi de mon malheur.

ÉLÉNA.

Qu'avez-vous dit?

FALIERO.

Mais toi, toi qu'ils ont soupçonnée,
Digne appui du vieillard à qui tu t'es donnée,
Modèle de vertu dans ce triste lien,
Ange consolateur, mon orgueil, mon seul bien...

ÉLÉNA.

O tourment!

FALIERO.

Tu verrais, de ta vie exemplaire,
L'outrage impunément devenir le salaire!
Ah! je cours...

ÉLÉNA.

Arrêtez!

FALIERO.

Ne te souviens-tu pas
De l'heure où ton vieux père expira dans nos bras?
A son dernier soupir il reçut ta promesse
De m'aimer, d'embellir, d'honorer ma vieillesse :
Tu l'as fait.

ÉLÉNA.

C'en est trop!

FALIERO.

Je promis à mon tour
De veiller sur ton sort jusqu'à mon dernier jour.
Ton père me l'ordonne.

ÉLÉNA.

Écartez cette image.

FALIERO.

C'est lui...

ÉLÉNA.

Je parlerais !

FALIERO.

C'est lui qui m'encourage
A remplir mon devoir, à tenir mon serment,
A défendre sa fille.

ÉLÉNA.

A la punir.

FALIERO.

Comment ?

ÉLÉNA.

Vengez-vous, punissez. Le sang qu'il vous demande,
C'est le mien. Punissez ; votre honneur le commande ;
Mais n'immolez que moi, moi seule : cet honneur
Pour qui vous exposez repos, gloire, bonheur,
Je l'ai perdu !

FALIERO.

Qu'entends-je? où suis-je? que dit-elle?
Qui, vous?

ÉLÉNA.

Fille parjure, épouse criminelle,
Mon père au lit de mort, vos bienfaits et ma foi,
Tout, oui, j'ai tout trahi.

FALIERO.

Point de pitié pour toi!
Mais il est un secret qu'il faut que tu déclares :
Ton complice?

ÉLÉNA.

Il n'est plus.

FALIERO.

Éléna, tu t'égares.
Comprends-tu bien les mots qui te sont échappés?
Sais-tu que, s'il est vrai, tu vas mourir?

ÉLÉNA.

Frappez!

FALIERO, levant son poignard.

Reçois ton châtiment!... Mais non. Qu'allais-je faire?
Tu tremblais pour ma vie, et ta frayeur m'éclaire.
Non, non; en t'accusant tu voulais me sauver.

(Le poignard tombe de ses mains.)

Ace sublime aveu qui pouvait s'élever

De cette trahison ne fut jamais capable.
Dis que tu m'abusais, que tu n'es pas coupable;
Parle, et dans mon dessein je ne persiste pas,
J'y renonce, Éléna; parle... ou viens dans mes bras,
Viens, et c'en est assez!

ÉLÉNA.

Hélas! j'en suis indigne.
J'ai mérité la mort : frappez, je m'y résigne.
Ah! frappez!

FALIERO.

Et le fer de mes mains est tombé!
A sa honte, à mes maux, je n'ai pas succombé!
J'entends mes conjurés; ce sont eux; voici l'heure.
Redevenons moi-même : il faut agir.

SCÈNE X.

FALIERO, ÉLÉNA, VEREZZA, SEIGNEURS DE LA NUIT ; GARDES, avec des torches.

VEREZZA.

Demeure :
Envoyé par les Dix, je t'arrête en leur nom,
Doge, comme accusé de haute trahison.

ACTE IV, SCÈNE X.

ÉLÉNA.

Plus d'espoir !

FALIERO.

M'arrêter, moi, ton prince !

VEREZZA.

Toi-même,
Voici l'ordre émané de leur conseil suprême.
Obéis.

(Quatre heures sonnent.)

FALIERO.

Je commande, et votre heure a sonné.
Juge des factieux qui m'auraient condamné,
J'attends que le beffroi les livre à ma justice.
Écoute : il va donner le signal du supplice.
Je brave ton sénat, tes maîtres, leurs bourreaux,
Et l'ordre qu'à tes pieds ma main jette en lambeaux.

VEREZZA.

Ton espérance est vaine.

ÉLÉNA.

Aucun bruit !

FALIERO.

Quel silence !

VEREZZA.

Tu n'as pas su des Dix tromper la vigilance;
Les cachots ont parlé : ne nous résiste pas.

FALIERO.

C'en est donc fait : marchons.

ÉLÉNA.

Je m'attache à vos pas.

FALIERO, qui la ramène sur le devant de la scène.

(à voix basse.)

Vous!... Et quels sont les droits de celle qui m'implore?
Son titre? Que veut-elle? Ai-je une épouse encore?
Je ne vous connais pas; je ne veux plus vous voir.
Contre un arrêt mortel, qu'il m'est doux de prévoir,
Ma vie à son déclin sera peu défendue.
Pour que la liberté vous soit enfin rendue,
Éléna, je mourrai; c'est tout ce que je puis :
Vous pardonner, jamais !

(à Éléna, qui le suit, les mains jointes.)

Non, restez!

(à Verezza.)

Je vous suis.

FIN DU QUATRIÈME ACTE.

ACTE CINQUIÈME.

Une salle voisine de celle où les Dix sont entrés pour délibérer. Autour de la salle, les portraits des doges; au fond, une galerie ouverte qui donne sur la place; à la porte, deux soldats en sentinelle.

SCÈNE I.

FALIERO, ISRAEL.

ISRAEL. (Il est assis.)

Un plan si bien conduit! O fortune cruelle,
Attendre ce moment pour nous être infidèle!
Quand je voyais crouler leur pouvoir chancelant,
Quand nous touchions au but... Mais j'oublie en parlant
Que mon prince est debout.

FALIERO, à Israël, qui fait un effort pour se lever.

Demeure : la souffrance
Vient de briser ton corps sans lasser ta constance.
Je voudrais par mes soins adoucir tes douleurs;
Que puis-je?

ISRAEL.

Dans vos yeux je vois rouler des pleurs.

FALIERO.

Je pleure un brave.

ISRAEL.

Et moi, tandis qu'on délibère,
Je fais des vœux pour vous, qui me traitez en frère.

FALIERO.

Comme autrefois.

ISRAEL.

Toujours le frère du soldat,
Consolant le blessé qui survit au combat.

FALIERO.

Ces temps-là ne sont plus.

ISRAEL.

Mais alors quelle joie,
Quand nous fendions les mers pour saisir notre proie!

FALIERO.

En maître sur les flots du golfe ensanglanté,
Que mon lion vainqueur voguait avec fierté!
Tu t'en souviens?

ISRAEL.

O jours d'éternelle mémoire!
Que Venise était belle après une victoire!

FALIERO.

Et nous ne mourrons pas sous notre pavillon!

ACTE V, SCÈNE II.

ISRAEL.

Misérable Bertram! parler dans sa prison,
Nous trahir, comme un lâche, à l'aspect des tortures !
Comptez donc sur la foi de ces ames si pures,
Sur leur sainte ferveur! Et tremblant, indigné,
Le tenant seul à seul, vous l'avez épargné?

FALIERO.

Il pleurait.

ISRAEL.

D'un seul coup j'aurais séché ses larmes.

FALIERO.

Peüt-être.

ISRAEL.

Dans mes bras, si j'eusse été sans armes,
J'aurais, en l'étouffant, voulu m'en délivrer :
Mon général sait vaincre, et je sais conspirer.

FALIERO.

Pourquoi tous tes amis n'ont-ils pas ton courage !

ISRAEL.

Ils viennent de partir pour leur dernier voyage.
Strozzi vend nos secrets qu'on lui paie à prix d'or ;
Il vivra. Mais Pietro, je crois le voir encor :
L'œil fier, d'une main sûre et sans reprendre haleine,
Il vide, en votre honneur, sa coupe trois fois pleine,
S'avance, et répétant son refrain familier :

« Que saint Marc soit, dit-il, en aide au gondolier. »
Il s'agenouille alors, il chante, et le fer tombe.

FALIERO.

Nous le suivrons tous deux.

ISRAEL.

Non : pour vous sur ma tombe
Le soleil de Zara doit encor se lever.

FALIERO.

Qu'espères-tu? jamais.

ISRAEL.

Trop lâches pour braver
Le peuple furieux rassemblé dans la place,
De condamner leur père ils n'auront pas l'audace.
Moi, pendant tout un jour qu'ont rempli ces débats,
J'ai su me résigner. Que ferais-je ici bas?
Je n'ai point de famille et n'ai plus de patrie;
Mais vous, votre Éléna, votre épouse chérie...

FALIERO, avec douleur.

Israël!...

ISRAEL.

Ah! pardon! ce nom doit vous troubler.
Un marin tel que moi ne sait pas consoler;
Son bon cœur qui l'entraîne a besoin d'indulgence.

FALIERO, après lui avoir serré la main.

Ils reviennent.

ISRAEL, se relevant.

Debout j'entendrai ma sentence.

SCÈNE II.

FALIERO, ISRAEL, BENETINDE, LIONI, STÉNO,
LES DIX, LES MEMBRES DE LA JUNTE, GARDES.

BENETINDE.

Le crime reconnu, les témoins écoutés,
Tel est l'arrêt des Dix par la junte assistés :
Israël Bertuccio, sois puni du supplice
Qu'on réserve au forfait dont tu fus le complice.
Meurs : c'est le châtiment contre toi prononcé.
Sur le balcon de marbre où le doge est placé
Quand des jeux solennels il contemple la fête,
Le glaive de la loi fera rouler ta tête.

ISRAEL.

Est-il prêt? je le suis.

LIONI.

Tu n'as plus qu'un moment :
Un aveu peut encor changer ton châtiment.
Que cherches-tu?

ISRAEL.

Ces mots ont droit de me confondre;

Je cherchais si Bertram était là pour répondre.

LIONI.

Fidèle à son devoir, il a su le remplir.

ISRAEL.

Oui, comme délateur : quand doit-on l'anoblir?

BENETINDE.

Ainsi tu ne veux pas nommer d'autres coupables?

ISRAEL.

Et, si je dénonçais les traîtres véritables,
Périraient-ils?

BENETINDE.

Ce soir.

ISRAEL.

Je vous dénonce tous.
Finissons : vos bourreaux m'ont lassé moins que vous.

(Il retombe assis.)

BENETINDE, à Faliero.

Le doge en sa faveur n'a-t-il plus rien à dire?

FALIERO.

Chef des Dix, quel que soit l'arrêt que tu vas lire,
J'en appelle.

BENETINDE.

A qui donc?

FALIERO.

A mon peuple ici-bas,

Et dans le ciel à Dieu.
BENETINDE.
Que Dieu t'ouvre ses bras,
C'est ton juge : après nous, tu n'en auras pas d'autre.
FALIERO.
Son tribunal un jour me vengera du vôtre.
(montrant Sténo.)

Il le doit. Parmi vous je vois un assassin.
BENETINDE.
En vertu de sa charge admis dans notre sein,
A siéger malgré lui Sténo dut se résoudre.
STÉNO.
Doge, un seul vœu dans l'urne est tombé pour t'absoudre.
FALIERO.
Lisez, j'attends.
BENETINDE, d'une voix émue.
Puissé-je étouffer la pitié
Que réveille en mon cœur une ancienne amitié !
(à Faliero.)

« Toi, noble, ambassadeur, général de Venise,
« Et gouverneur de Rhode à tes armes soumise,
« Duc de Vald-Marino, prince, chef du sénat,
« Toi, doge, convaincu d'avoir trahi l'État... »
(passant la sentence à Lioni.)

Achevez, je ne puis.

LIONI.

« Tu mourras comme traître.
« Maudit sera le jour où tu fus notre maître.
« Tes palais et tes fiefs grossiront le trésor ;
« Ton nom disparaîtra, rayé du livre d'or.
« Tu mourras où ton front ceignit le diadème ;
« L'escalier des Géans, à ton heure suprême,
« Verra le criminel, par ses pairs condamné,
« Périr où le héros fut par eux couronné.

(montrant les portraits des doges.)

« Entre nos souverains, contre l'antique usage,
« Tu ne revivras pas dans ta royale image.
« A la place où ton peuple aurait dû te revoir,
« Le tableau sera vide, et sur le voile noir
« Dont la main des bourreaux recouvre leurs victimes,
« On y lira ces mots : Mis à mort pour ses crimes ! »

FALIERO.

Bords sacrés, ciel natal, palais que j'élevai,
Flots rougis de mon sang, où mon bras a sauvé
Ces fiers patriciens qui, sans moi, dans les chaînes
Rameraient aujourd'hui sur les flottes de Gênes,
De ma voix qui s'éteint recueillez les accens !
Si je fus criminel, sont-ils donc innocens ?
Je ne les maudis pas : Dieu lui seul peut maudire.
Mais voici les destins que je dois leur prédire :

ACTE V, SCÈNE II.

Faites pour quelques-uns, les lois sont des fléaux;
Point d'appuis dans un peuple où l'on n'a point d'égaux.
Seuls héritiers par vous des libertés publiques,
Vos fils succomberont sous vos lois despotiques.
Esclaves éternels de tous les conquérans,
Ces tyrans détrônés flatteront des tyrans.
Leurs trésors passeront, et les vices du père
Aux vices des enfans lègueront la misère.
Nobles déshonorés, un jour on les verra,
Pour quelques pièces d'or qu'un juif leur jettera,
Prostituer leurs titres, et vendre les décombres
De ces palais déserts où dormiront vos ombres.
D'un peuple sans vigueur mère sans dignité,
Stérile en citoyens dans sa fécondité,
Lorsque Venise enfin de débauche affaiblie,
Ivre de sang royal, opprimée, avilie,
Morte, n'offrira plus que deuil, que désespoir,
Qu'opprobre aux étrangers, étonnés de la voir;
En sondant ses cachots, en comptant ses victimes,
Ils diront : « Elle aussi, mise à mort pour ses crimes! »

BENETINDE.

Par respect pour ton rang nous t'avons écouté,
Et tant que tu vivras tu seras respecté.
Tu nous braves encor : le peuple te rassure;
Mais autour du palais vainement il murmure.

N'attends rien que de nous : d'une part de tes biens
Tu pourras disposer pour ta veuve et les tiens.
Dis-nous, quels sont tes vœux, car ton heure est prochaine ;
Parle.

FALIERO.

Laissez-moi seul.

BENETINDE, montrant Israël.

Qu'au supplice on l'entraîne.

ISRAEL. (Il s'avance et tombe à genoux devant le doge.)

Soldat, je veux mourir béni par cette main
Qui de l'honneur jadis m'a montré le chemin.

FALIERO.

A revoir dans le ciel, mon vieux compagnon d'armes !
Jusqu'à ton dernier jour toi qui fus sans alarmes,
Sois sans remords !

(Il le relève.)

Avant de subir ton arrêt,
Embrasse ton ami...

ISRAEL.

Mon prince daignerait...?

FALIERO.

Titre vain ! entre nous il n'est plus de distance :
Quand la mort est si près, l'égalité commence.

(Israël se jette dans les bras du doge.)

BENETINDE, aux soldats qui entourent Israël.

Allez!

(aux membres de la junte.)

Retirons-nous.

SCÈNE III.

FALIERO.

Qui l'eût pensé jamais!
J'expire abandonné par tous ceux que j'aimais :
Lui seul ne me doit rien, il m'est resté fidèle.
Mais quoi! de tant d'amis, qui me vantaient leur zèle,
Dont j'ai par mes bienfaits mérité les adieux
Pas un qui devant moi ne dût baisser les yeux!
Et même dans la tombe où je m'en vais descendre,
Celui qui fut mon fils.... Ne troublons pas sa cendre :
Je l'ai béni!... Des biens me sont laissés par eux;
Donnons-les. A qui donc? Pourquoi faire un heureux?
Puis-je y trouver encore une douceur secrète?
Je n'ai pas dans le monde un cœur qui me regrette.

(Il s'assied près de la table, où il écrit.)

Qu'importe?

SCÈNE IV.

ÉLÉNA, FALIERO.

ÉLÉNA.

J'ai voulu vous parler sans témoins ;
Enfin on l'a permis. Puis-je approcher ?

(Le doge ne tourne pas la tête, et reste immobile sans lui répondre.)

Du moins,
Répondez.

(Le doge continue de garder le silence.)

Par pitié, daignez me le défendre ;
J'entendrai votre voix.

(Même silence du doge.)

M'éloigner sans l'entendre,
Il le faut donc !

(Elle fait un pas pour sortir, revient, se traîne jusqu'auprès de Faliero, saisit une de ses mains, et la baise avec transport.)

FALIERO. (Il se retourne, la prend dans ses bras, la couvre de baisers et de larmes, et lui dit :

Ma fille a tardé bien long-temps !

ÉLÉNA.

O ciel ! c'est mon arrêt qu'à vos genoux j'attends ;
Celle que vous voyez sous sa faute abattue,
Elle a causé vos maux, c'est elle qui vous tue,
Et vous lui pardonnez !

ACTE V, SCÈNE IV.

FALIERO, la relevant.

Qui? moi! je ne sais rien.

ÉLÉNA.

Quoi! vous oubliez tout!

FALIERO.

Non : car je me souvien
Que tu m'as fait aimer une vie importune;
Tes soins l'ont prolongée, et, dans mon infortune,
Tu m'adoucis la mort, je le sens.

ÉLÉNA.

Espérez!
Partout de vos vengeurs ces murs sont entourés.

(Un murmure sourd et prolongé se fait entendre.)

FALIERO.

Ils ne feront pourtant que hâter mon supplice.

ÉLÉNA.

On n'accomplira pas cet affreux sacrifice :
Ils vont vous délivrer. Entendez-vous leurs cris?

FALIERO.

Je voudrais te laisser l'espoir que tu nourris ;
Mais la nuit qui s'approche est pour moi la dernière.
Ne repousse donc pas mon unique prière.

ÉLÉNA.

Ordonnez : quels devoirs voulez-vous m'imposer?
Je m'y soumets.

FALIERO, *lui remettant un papier.*

Tiens, prends! tu ne peux refuser :
C'est le présent d'adieu d'un ami qui s'absente,
Mais que tu reverras.

ÉLÉNA.

C'en est trop!... innocente,
J'aurais pu l'accepter; coupable...

FALIERO.

Que dis-tu?
Si c'est un sacrifice, accepte par vertu :
Supporter un bienfait peut avoir sa noblesse.
Sois fière encor du nom qu'un condamné te laisse;
Des monumens humains que sert de le bannir?
De mes travaux passés l'éternel souvenir,
Sur les mers, dans les vents, planera d'âge en âge;
Et jamais nos neveux ne verront du rivage
Les vaisseaux sarrasins blanchir à l'horizon,
Sans parler de ma vie et murmurer mon nom.
Sois fière de tous deux.

(Nouveaux cris du peuple.)

ÉLÉNA.

Qu'avec vous je succombe :
Je n'ai pas d'autre espoir.

FALIERO.

Et demain, sur ma tombe,

Qui donc, si tu n'es plus, jettera quelques fleurs!
Car tu viendras, ma fille, y répandre des pleurs,
N'est-ce pas?

ÉLÉNA.

Moi! grand Dieu!

FALIERO.

Toi, que j'ai tant aimée,
Que j'aime!

ÉLÉNA.

Sans espoir, de remords consumée,
Je vivrai, si je puis, je vivrai pour souffrir.

FALIERO.

Songe à ces malheureux qui viennent de périr:
Veille sur leurs enfans dont je plains la misère.

ÉLÉNA.

Je prodiguerai l'or.

FALIERO.

Qu'ils te nomment leur mère;
Fais-moi chérir encor par quelque infortuné.

ÉLÉNA.

Mais je pourrai mourir quand j'aurai tout donné?.....

(Le jour baisse.)

FALIERO.

Digne de ton époux; et ton juge suprême,
Indulgent comme lui, pardonnera de même.

(La lueur et le passage des torches qu'on voit à travers les vitraux du fond indiquent un mouvement dans la galerie. Verezza paraît, accompagné de deux affidés qui portent le manteau et la couronne du doge. Faliero leur fait signe qu'il va les suivre, et se place entre eux et Éléna, de manière qu'elle ne puisse les apercevoir.)

J'ai besoin de courage, et j'en attends de toi.
Épargne un cœur brisé.

ÉLÉNA.

C'est un devoir pour moi;
Quand le moment viendra, je serai sans faiblesse.

FALIERO.

Eh bien!... il est venu.

ÉLÉNA, avec désespoir.

Déjà!

FALIERO, la serrant contre son sein.

Tiens ta promesse...
Adieu!

ÉLÉNA.

Jamais! jamais! Non, ne me quittez pas!
Non, non! je veux... j'irai... j'expire dans vos bras.

FALIERO.

Elle ne m'entend plus : elle pâlit, chancelle.

(Il la place dans un fauteuil.)

L'abandonner ainsi!... Grand Dieu, veillez sur elle!

(Il lui donne un dernier baiser; on le couvre du manteau ducal; il place la couronne sur sa tête, et suit Verezza. Le tumulte s'accroît; on entend retentir avec plus de force ces cris : Faliero! Faliero! Grâce! grâce!)

SCÈNE V.

ÉLÉNA, qui se ranime par degrés.

Votre grace... oui... marchons.

(regardant autour d'elle.)

Ciel ! par eux immolé,
Il va périr... Mais non... les cris ont redoublé :
Le peuple au coup mortel peut l'arracher encore.

(se laissant glisser à genoux.)

Dieu clément! c'est leur père! O mon Dieu, je t'implore!
Les portes vont s'ouvrir. Frappez tous; brisez-les!...
La foule a pénétré dans la cour du palais!
On les force à laisser leur vengeance imparfaite!
Il est sauvé, sauvé! courons...

LIONI, suivi des Dix ; il paraît dans la galerie du fond, un glaive d'une main et la couronne ducale de l'autre, il crie au peuple :

Justice est faite!

(Éléna tombe privée de sentiment.)

FIN DE MARINO FALIERO.

EXAMEN CRITIQUE

DE

MARINO FALIERO.

On connaît la destinée singulière de cette tragédie. Composée pour le Théâtre-Français, où elle avait été reçue par acclamation, quelques plaintes s'élevèrent sur la distribution des rôles. Fatigué des contrariétés qui pouvaient ajourner indéfiniment la représentation, M. Casimir Delavigne retira son ouvrage; et, en jetant un coup d'œil de regret sur le beau rôle d'Éléna, qu'il avait confié à mademoiselle Mars, il se demanda où il porterait son *Faliero*. Le théâtre de la Porte Saint-Martin fut choisi.

Ainsi, un théâtre du boulevard fut accidentellement érigé en second Théâtre-Français !

Le sujet de *Marino Faliero* est connu. Déjà mis

en scène, mais sans aucun succès, au Théâtre-Français, déjà mélodramatisé dans la rigoureuse acception du mot, à ce même théâtre de la Porte Saint-Martin, il nous est devenu plus familier encore par l'*Histoire de Venise*, de M. Daru, et par la tragédie de lord Byron. Le sujet est simple ; je veux dire que, tout extraordinaire, tout effrayante qu'en soit la catastrophe, il est chargé de très peu d'incidens. Le chef d'une république, le doge de Venise, âgé, ou, pour parler comme Voltaire, chargé de quatre-vingts ans, conspire le bouleversement de l'État et l'égorgement de tout le patriciat vénitien. Il associe à ses desseins ce qu'il y a de plus vil et de plus misérable dans la ville qu'il gouverne. Son motif est aussi puéril que les suites doivent en être sanglantes. Un jeune noble s'est permis de tracer sur le fauteuil du doge quelques lignes injurieuses à la vertu de sa jeune et innocente épouse. Un arrêt des Quarante condamne le coupable à deux mois de prison et à une année d'exil, faible réparation d'un outrage qui, aux yeux du doge, ne pouvait être expié que par le sang. De là sa colère, de là le projet d'une vengeance aussi

atroce qu'extravagante. Le complot est découvert de la même manière que le fut depuis à Londres la conspiration des poudres. L'un des conjurés prévient un sénateur, dont il était le client et l'obligé, de ne pas se rendre le lendemain au palais de Saint-Marc, quand même il entendrait sonner la cloche d'alarme. Cette indication met sur la voie, et bientôt, à l'aide des recherches et des tortures, la conjuration est à jour. Le doge est arrêté; on lui fait son procès; il est décapité sur le lieu même où il avait revêtu les insignes de la souveraineté; et sur la muraille où devait figurer un jour son image entre celles des doges ses prédécesseurs, et des doges qui lui succèderaient, il fut ordonné qu'il serait étendu un voile noir, sur lequel on lirait cette inscription : *Hic est locus Marini Faletro, decapitati pro criminibus;* « C'est ici la place de Ma-
« rino Faletro (ou Faliero), décapité pour ses
« crimes. »

Voici, si je ne me trompe, ce qui rend un pareil sujet fort difficile à transporter sur la scène. Règle générale, il n'est rien de plus froid qu'une conspiration politique. Autant elle intéresse dans l'histoire, autant elle paraît froide au théâtre, qui ne vit que de passions tumultueuses, d'émotions violentes, et en quelque sorte individuelles, et où chaque spectateur aime à trouver, de préférence à tout, la corde qui répond à ses sympathies particulières. Une conspiration est un fait en dehors de la vie commune. Il est utile, pour les hommes d'État, de savoir comment s'y prennent les conspirateurs; il est bon de rappeler aux chefs des nations qu'il n'est point d'intérêts, si faibles en apparence, que la politique ne leur ordonne de ménager; et il est bon qu'ils fassent entrer dans la sphère de leurs calculs et de leurs prévoyances, que la position la plus élevée, ainsi que la situation la plus vile de la société, peut devenir, suivant les circonstances, le siége ou le foyer d'une conjuration formidable. Mais ce n'est point au parterre ou dans les loges que les hommes d'État ont à faire ces sortes d'études, c'est dans leur cabinet, et sous les yeux de Tacite, de Machiavel et de Montesquieu. Pour le public du théâtre, il lui faut quelque chose de plus chaud, de plus entraînant, de plus animé. Il va là pour sentir, et non pour raisonner.

Voyez le *Faliero* de lord Byron. Certes, ce n'est point le feu poétique qui manque d'ordinaire à ce poète célèbre; mais, dans son triste drame, lord Byron s'est traîné à la remorque des annalistes italiens. Les détails de sa tragédie sont attachans; mais à l'exception de son Angiolina, la femme du doge, qu'il a embellie de tous les attraits de la jeunesse et de la vertu, ses personnages ne sont ni plus vivement colorés ni plus expressifs que ceux de l'histoire. Cette Angiolina même, dont le nom semble emprunté de ses qualités angéliques, serait divine dans une élégie; dans un drame, sa perfection est un défaut. Par son âge et par la pureté de son ame, elle contraste avec le caractère fougueux d'un époux octogénaire; mais ce contraste, il faut le dire, n'a rien de saillant, de vigoureux, de pittoresque. On plaint Angiolina, mais on est faiblement ému. L'évènement a justifié l'arrêt prononcé d'avance par la critique. Après la mort de lord Byron, et contre sa défense expresse, son *Faliero* fut joué sur un des grands théâtres de Londres, et la représentation n'en put être achevée. John-Bull veut être remué fortement. Il demande des tragédies à l'eau forte, et il brisa, sans scrupule, la bouteille d'eau rose qu'on avait essayé de lui servir.

Cette leçon n'a pas été perdue pour M. C. Delavigne. Maître absolu du caractère de la femme du doge, sur laquelle l'histoire n'a pas cru devoir s'expliquer, il a pris le contrepied de lord Byron, et il a eu de quoi s'en applaudir. Son Éléna, nom poétiquement plus commode que celui d'Angiolina, est devenue, sous sa plume énergique et brillante, une épouse coupable et adultère. De cette simple transmutation, le poète français a tiré un effet prodigieux, et l'élément le plus incontestable du succès dont sa tragédie a été couronnée. Il a supposé qu'un neveu du doge, Fernando Faliero, l'unique héritier du nom de cette famille illustre, était l'auteur du déshonneur de son oncle, et par là se trouve expliquée la part qu'il prend au ressentiment du doge contre l'inscription outrageante dont celui-ci a à se plaindre. Il lui est impossible de pardonner à Sténo une attaque d'autant plus offensante, que la conscience de Fernando lui en reproche la justice et la vérité. Il cherche Sténo, il le rencontre, il se bat, est vaincu, et expire entre les bras du doge, dont cette mort porte au plus haut degré l'irritation et la fureur. Le malheureux vieillard voit expirer, sous le fer d'un patricien insolent, le dernier rejeton de sa famille. Toute sa postérité est ensevelie dans la tombe de Fernando. Que lui reste-t-il à craindre? qu'a-t-il désormais à ménager? Quelques jours de plus à ajouter à ceux que la nature lui a ménagés, peuvent-ils entrer dans la balance avec les intérêts de sa vengeance? C'est ici un artifice du poète, auquel on ne peut donner trop d'éloges; car l'essentiel et le difficile tout ensemble était de satisfaire le spectateur sur les causes qui précipitèrent le doge dans l'abîme de l'infamie et du malheur. Ajoutons que nous devons des beautés d'un autre genre à la faute d'Éléna. Nous la voyons accablée du poids des remords, se relever par un aveu déchirant de l'humiliation où son crime l'a plongée. Cet aveu produit aussi, dans l'âme du vieillard, des mouvemens sublimes de générosité et de grandeur d'âme. Nous trouvons là ce qui constitue la tragédie, la pitié et la terreur; et en pardonnant à Éléna, comme son mari lui a pardonné, nous sommes obligés de nous écrier : *ó felix culpa!* ô faute heureuse! sans laquelle peut-être la tragédie de M. C. Delavigne n'eût pas été plus fortunée que celle de lord Byron.

FIN DU TOME IV.

TABLE DES MATIÈRES

CONTENUES DANS CE VOLUME.

La Princesse Aurélie, comédie. . . . . . . Page 1
Note. 161
Jugement sur la Princesse Aurélie. 167
Marino Faliero, tragédie. 177
Examen critique de Marino Faliero. 331

FIN DE LA TABLE.

www.ingramcontent.com/pod-product-compliance
Lightning Source LLC
Chambersburg PA
CBHW072007150426
43194CB00008B/1026